自滅するアメリカ帝国

日本よ、独立せよ

伊藤 貫

文春新書

852

自滅するアメリカ帝国——日本よ、独立せよ◎目次

まえがき——日本よ、目覚めよ

本書の目的は、冷戦終了後にアメリカ政府が作成した一極覇権戦略(Unipolar Hegemonism)——「国際構造を一極化して、アメリカだけが世界諸国を支配する軍事覇権と経済覇権を握る」という野心的なグランド・ストラテジー——が、何故、失敗してきたのかを解説することにある。(グランド・ストラテジーとは、最も基礎的な国家戦略のこと。)アメリカの世界支配戦略が失敗した理由を論理的に解説し、二十一世紀の日本には自主防衛能力が必要であることを説くのが、本書の主旨である。

■冷戦下のグランド・ストラテジーとは

冷戦時代(一九四七〜八九年)、世界が二極構造であった時期のアメリカのグランド・ストラテジーは、「ユーラシア大陸の三重要地域（西欧、中東、東アジア）を米軍が支配することによって、ソ連陣営を封じ込めておき、アメリカが世界を支配する」というものであった。そして一九九一年秋にソ連が崩壊すると、アメリカ政府は即座に次のグランド・ストラテジーを構想した。それは「国際構造の一極化を進める。今後はアメリカだけが、世界諸国を支配する経済覇権と軍事覇権を握る。アメリカに対抗できる能力を持つライバル国の出現を許さない。冷戦終了後も、第二次大戦の敗者である日本が自主防衛能力を持つことを阻止する」というものであった。（この戦略案――ペンタゴンの機密文書 Defense Planning Guidance――は一九九二年三月、ニューヨーク・タイムズとワシントン・ポストにリークされて、国際的なスキャンダルとなった。）

米政府（民主・共和両党）は、この「世界一極化戦略」を着々と実行していった。アメリカは冷戦期の「西欧・中東・東アジア支配」に加えて、北アフリカ、東アフリカ、バルカン半島、東欧、コーカサス地域、黒海沿岸、バルト海沿岸、中央アジア、南西アジア地域まで、アメリカの軍事的な支配圏に併合していった。ソ連との軍事的対立が終了したのにもかかわらず、米政府は世界の百五十数ヵ所に新しい軍事基地を新設していった。

しかしこの野心的な拡張主義と覇権主義の結果、アメリカは世界の諸地域――イラク、アフガニスタン、パキスタン、イエメン、ソマリア、ケニア等――で非生産的な軍事紛争に巻き込まれることになり、しかもイスラム教諸国との『文明の衝突』現象まで発生させて、膨大な国力を浪費する結果となった。ノーベル経済学賞受賞者であるジョセフ・スティグリッツは、「最近のアメリカの軍事介入の失敗による経済コストは、四兆ドルを超えている」と計算している。一九八〇年代から経済構造が慢性的な資本不足・消費過剰体質になっているアメリカにとって、「世界一極化」戦略は巨大な国富の蕩尽となってきた。

このアメリカの一極覇権構想が成功しているか否かは、日本の安全保障と国際経済政策にとって、非常に重要な問題である。日本が名目的な「独立」を回復した一九五二年以降、日本の基本的な国策は、「アメリカの軍事力と経済力が国際社会を安定化させているから、日本は軽武装・経済成長優先の政策を追求していればよい。日本が独立した外交政策や国防能力を持つ必要はない」という対米依存主義であったからである。〝吉田外交〟〝吉田ドクトリン〟などと呼ばれてきた国策である。

自民党だけでなく左翼諸政党も、この軽武装・経済成長優先政策に賛成であった。財務省、経産省、外務省、自衛隊も賛成していた。日本の新聞では最左翼ということになっている『朝日』と最右翼ということになっている『産経』も、この政策に賛成であった。「日本が自主的な外交政策と独立した国防政策を実行するよりも、経済利益の追求を優先させたい。日本の安全保障はアメリカに任せておきたい」と望む点において、表面的には対立しているように見えた親米保守と護憲左翼の間には、暗黙の了解があったのである。(「このような依存主義の国策を何時までも続けることが、独立国として正しいあり方なのか?」という重要な問題は、日本の政界・官界・言論界においてほとんど議論されてこなかった。)

冷戦後の「アメリカだけが世界を支配する」という一極覇権戦略が本当に実現可能ならば、日本は今後も対米依存体制を続けることができる。米政府が一九九一〜九二年、一極覇権構造を創ろうとする野心的なグランド・ストラテジーを構想した時、日本政府がこの戦略案に賛成したのも、その根底には「アメリカが世界を支配してくれれば、日本は周辺諸国と外交的対立や軍事紛争に巻き込まれなくてすむ。日本はこれまで通り、経済利益追求を優先する国策を続けることができる」という他力本願の外交政策思考があったからである。

しかし冷戦後のアメリカの一極覇権戦略が失敗しているのなら——もしくは、優秀な戦略家であるケナン、キッシンジャー、ハンティントン、ウォルツ等が一九九〇年代から指摘してきたように「一極覇権など、最初から無理に決まっている」のなら——、日本は、「アメリカの軍事力と経済力が国際情勢を安定させているから、日本は軽武装・経済優先政策を追求していればよい」という今までの国策を継続するわけにはいかなくなる。その場合は日本にも、インドや中国やフランスと同様、独立した国防能力と(同盟関係の多角化を含む)新しい外交戦略が必要となる。

その意味において「アメリカの目指してきた一極覇権体制は、はたして実現可能なのか？それとも二十一世紀の国際構造は、アメリカの意に反して多極化の方向に進んでいるのか？」という問題は、日本の独立と安全と存続にとって、最も重大な意味を持つ問題なのである。アメリカの一極覇権構想が失敗して国際構造が多極化し、二〇二〇年代の東アジア地域が「中国優位、米国劣位」の方向に推移していくならば、周囲を核武装国に包囲されて自主防衛能力を持たない日本は、中国の勢力圏に併合されてしまう可能性が高いからである。

■「中国封じ込め」は可能か

中国は最近二十三年間、四～五年ごとに軍事予算を倍増してきた。歴史的に前例のない大軍拡である。中国が現在のペースで軍拡を続けるならば、「二〇二〇年代の中国の実質軍事予算は、アメリカの軍事予算を凌駕するだろう」と予測されている。二〇一二年の中国の軍事予算は公称、約一千億ドルであるが、CIAと米国防大学は、「現在の中国の真の軍事支出は、二千二百億～二千五百億ドル・レベル」と推定している。二〇二〇年代になると中国の実質軍事予算は、六千億ドル規模に達するだろうと予測されている。

その一方、経済が低成長コースに入り、約七千八百万人のベビーブーム世代が引退し始めたことにより財政構造の継続的な悪化に悩まされている米政府は、今後十年間の軍事予算を減らさざるをえない状況にある。二〇一一年十二月の米連邦議会予算案によると、二〇一四年以降の米軍事予算は四千五百億ドル程度となる。連邦議会によると軍事予算の規模は、二〇二〇年代初期まで停滞したままになるという。二〇二〇年代になるとアメリカは、中東と東アジア地域を同時に支配し続ける軍事力と国際政治力を失う可能性が高い。

このような財政構造の悪化にもかかわらずオバマ大統領は二〇一一年十一月、ハワイ、インドネシア、オーストラリアを歴訪し、「アメリカ外交のアジア・シフト」を宣言した。アメリカの軍事力を、イスラム教諸国からアジア地域へシフトするという宣言である。アメリカのマスメディアは、「この歴訪によってアメリカは、中国の拡張主義を封じ込める決意を表明した」と報道した。敗戦後の対米依存体制を何時までも続けたい日本政府は、この「米外交のアジア・シフト」を大歓迎した。

しかしこの「アジア・シフト」は、本当に実現可能な構想なのだろうか？　米軍は、オバマの主張するようにイスラム教諸国における泥沼化したゲリラ戦争からスムーズに撤退して、その軍事力をアジアにシフトできるのだろうか？

財政構造の悪化により自国の軍事予算を長期的に削減せざるをえないアメリカが、（ＩＭＦと世界銀行の予測によると）二〇一五年か一六年に世界最大規模の実質経済力を持つようになる中国を「封じ込める」というのは、現実的な戦略思考なのだろうか？

二〇〇九〜一一年、オバマ政権は毎年、約一・四兆ドルの赤字国債を発行してきた。この巨額の借金財政を継続するため、ガイトナー米財務長官は中国政府に対して「アメリカの国債を購入し続けて欲しい」と懇願してきた。国民の貯蓄率が異常に低く、すでに世界最大の借金国であるアメリカが、「中国政府から毎年、巨額の借金を繰り返す。その一方で、アメリカの軍事政策が中国の拡張主義を封じ込める」というのは、実行可能な戦略プランなのだろうか？

本書で詳述するように、一九九二年に作られたアメリカの一極覇権構想は、現実的なコスト・ベネフィット分析をせずに考案された楽観的な（自信過剰、野心過剰の）戦略プランであった。二〇一一年秋のオバマ政権の「中国封じ込め」戦略も、それに必要なコストと財源を計算せずに作られた楽観的な戦略構想なのではないか。

■本書の三つの特徴

アメリカの世界支配戦略の失敗を解説する本書には、三つの特徴がある。
（1）本書は、過去二十年間の一極覇権構想が間違った戦略プランであったことを、アメリカの保守派（リアリスト派）の戦略家・国際政治学者の議論を使って説明している。本書で頻繁に引用されている学者と戦略家――ケナン、ウォルツ、キッシンジャー、ハンティントン、ミアシャイマー、ギルピン等――は、アメリカで最も優秀な保守派の理論家である。これらの保守派が冷戦終了時から、「国際構造を一極化してアメリカだけが世界諸国を支配しようとする戦略プランは、実行不可能である」と明言していたのである。彼らはブッシュ（息子）政権のネオコン外交に対しても、厳しい批判を加えていた。

不思議なことに日本の保守系の新聞・雑誌は、「アメリカで最も優秀な保守派の戦略家の多くが、米政府の一極覇権構想を厳しく批判している」という事実を伝えてこなかった。この重要な事実を伝えることを怠ってきた日本の保守メディアは、逆に一極覇権構想やネオコン外交を囃し立てる記事や外交評論ばかり載せてきたのである。

欧米の最も優秀な学者や戦略家の議論を豊富に紹介することによって、「冷戦後のアメリカの世界支配戦略が失敗したのは、当然の成り行きであった」ということを読者の方に理解していただくのが、本書の第一の目的である。

（2）本書の外交解説と軍事解説は、パラダイム・レベルの議論になっている。本書は単に、具体的な事実、具体的な政策、具体的な人物批評、等を並べ立てただけのノンフィクション本ではない。

パラダイムとは、思考法のパターンのことである。我々の目の前の具体的な事実は、無限に存在している。したがって、国際政治の細かい事実と細かい政策を大量に描写しても、それによって国際政治の構造が論理的に理解されるわけではない。目の前の現実を明晰かつ論理的に理解するためには、「どのパラダイムを使って現実を分析しているのか？」という視点が大切なのである。

「一九三〇年代の世界大不況は何故、長期化したのか？」「日露戦争以降の日本の外交・軍事政策は、何故、失敗したのか？」「冷戦後のアメリカの一極覇権構想は何故、失敗しているのか？」といった問題を論理的に解明するためには、「経済学や国際政治学の、どのパラダイムを使って現実を分析しているのか？」という視点が最も重要なのである。

本書が使用している国際政治のパラダイムは、「リアリスト外交」とか「バランス・オブ・パワー（勢力の均衡）外交」とか呼ばれてきたパラダイムである。このパラダイムは十七世紀中頃から現在まで、国際政治学の主流派となってきた思考パターンである。本書は、リアリスト・パラダイムの視点を前面に出すことによって「一見、混迷した状態にあって複雑そうに見える国際政治を、明瞭かつ構造的に理解する」ということを目指している。

（3）本書は、欧米の最も優秀なリアリスト派の戦略家の議論を紹介することによって、敗戦後の日本政府のグランド・ストラテジー構想能力の欠如を描写している。

■普天間、TPPより大事なこと

最近の日本の政界と言論界では、「普天間の海兵隊へリコプターの移転先」と「米国の主導するTPPへの参加問題」が、日本の直面する最も重要な外交問題であるとされている。しかし、それよりもはるかに重要な問題――①アメリカの一極覇権戦略が失敗してきたこと、②冷戦後の国際構造の多極化は必然的であること、③米経済力の相対的な衰退は、マクロ経済学から見て当然であること、④二十一世紀になっても日本の自主防衛政策(特に自主的な核抑止力)を阻止しようとする米政府の対日政策は、不正で愚かな同盟政策であること、等々――は、日本の政界・官界・言論界でほとんど議論されてこなかった。

日本の政治家・官僚・言論人が、国際政治の構造的な変化やマクロ経済学の重要な問題に関して知的に真剣な議論をせず、「海兵隊へリコプターの移転先」や「TPPの協議項目」という細かい議論ばかりしているのは、彼らにパラダイム・レベルの思考力とグランド・ストラテジー構想能力が欠けているためである。

本書は、冷戦後のアメリカのグランド・ストラテジーの欠陥を解説すると同時に、「日本政府には、グランド・ストラテジーの構想能力が欠けている」という深刻な事実を説明している。

本書には、数多くの国際政治学者と戦略家が登場する。巻末に十四ページの人物紹介のリストを付けた。是非、利用していただきたい。新書版の紙面には限りがあるため、本書を執筆する際に使用した文献リストは、文藝春秋のインターネット・サイト（http://www.bunshun.co.jp/）に掲載する。

筆者は、国際政治の中心地であるワシントンに二十六年間住んでいる。筆者の国際政治に関する視点は、日本の官僚や政治家とは異なるものである。読者の中には、「伊藤貫の議論は、バランス・オブ・パワーの視点ばかり強調していて冷酷だ。世界諸国は、もっと仲良く協調できるはずだ」と感じる方もおられよう。しかし三十年以上、欧米諸国で暮らしてきた筆者は、「国際関係における情緒（好意と敵意）、ナショナリズム、国際法、国際組織、イデオロギー、歴史解釈、価値観外交、等々は、当てにならないことが多い。外交政策と軍事政策においては、抑制的なバランス・オブ・パワーの維持を優先させるのが最も堅実なやり方だ」と考えている。ワシントンに長期間住み、「建て前」と「本音」を露骨に使い分けるアメリカや中国の覇権外交の現実を観察し、過去五百年間の国際政治史をある程度勉強したら、そのような結論に達したのである。

今後二十年間、東アジア地域のバランス・オブ・パワー環境は激変していく。台湾はいずれ、中華帝国に吸収されていくだろう。二〇二〇年代になると米軍は、東アジア地域から撤退していくかもしれない。アメリカの外交戦略の欠陥と失敗を分析した本書によって、読者の方が日本の自主防衛の必要性を理解してくださるなら、筆者の本望である。

本書を編集してくださった文藝春秋の飯窪成幸さん、石原修治さん、島津久典さんに、篤くお礼を申し上げます。

二〇一二年一月、ワシントン郊外、アーリントンにて

伊藤　貫

第1章　自国は神話化、敵国は悪魔化

■人類史上、異例の事態

冷戦終了後にアメリカが一極覇権戦略を構想する前の国際構造は、二極構造であった。「米ソ二極構造」とか「東西陣営が対立する冷戦構造」とか呼ばれたこの国際構造は、非常に特異なものであった。二極構造は四十三年間（一九四七〜八九年）続いたが、「世界が二つの陣営に分かれて、真っ向から対峙する」という国際構造が生じたのは、過去三千年の国際政治史においてこの時期だけだったからである。

第二次世界大戦までの国際構造は、常に多極構造であった。「五つか六つの大国（もしくは帝国）がそれぞれ勢力圏を作り、これらの大国がバランス・オブ・パワー（勢力の均衡）外交を演じてお互いを牽制しあう」というのが、十六世紀から第二次大戦までの国際政治のパターンであった。したがって「一九四七〜八九年、世界が明確に二つの陣営に分かれて対立していた」という構造は、前代未聞の（不自然な）国際構造だったのである。

そして、冷戦終了直後にアメリカ政府が企画した「一つの超大国が全世界を支配する」という一極覇権構造は、過去三千年間、一度も出現しなかった国際構造である。人類史上、一度も実現されることのなかった「世界一極体制」を創ろうと試みたアメリカの野心と自信（自信過剰？）は、目覚ましいものであった。

勿論、最近五百年間、世界を一国で支配したいという誘惑にかられた大国（帝国）は幾つか出現した。しかし十六世紀のスペイン（カルロス五世とフィリペ二世）、十七世紀後半と十九世紀初頭のフランス（ルイ十四世とナポレオン）、二十世紀前半のドイツ（ヴィルヘルム二世とヒトラー）は、その「世界制覇の野望」を、他の諸大国の連携プレーによって阻止されてきた。「ある特定国が世界を支配できる威圧的な覇権を獲得しようとすると、必ず他の諸大国がその動きをカウンター・バランス（牽制・阻止）する」というのが、過去五百年間の国際政治で何度も繰り返されてきたパターンだったのである。

（ただし十九世紀のイギリスは、例外的な存在であった。大英帝国は本質的に軍事帝国ではなく商業帝国であり、イギリス経済における軍事費の負担率は、他の諸大国よりも低かった。しかもイギリスは、ヨーロッパ大陸、ロシア、西半球地域を軍事力によって制覇・占領しようとしなかったため、他の諸大国にカウンター・バランスされる運命を避けることができた。）

■アメリカ外交が特異な五つの理由

一九九〇年代初期、アメリカ政府が一極覇権戦略を採用した経緯を述べる前に、アメリカ外交の特殊性について解説しておきたい。建国以来のアメリカ外交の思想と行動には、十六〜二十世紀のヨーロッパ諸国の伝統的な外交政策には見られぬ特殊性が存在しているからである。

多くの日本人にとって、アメリカとヨーロッパ諸国は「同じ西洋言語を使用し、同じ宗教（キリスト教）を信じ、同じような価値観を持つ西洋文明圏に属する国」と感じられるかもしれない。しかしアメリカ文明の仕組み、そしてアメリカという国のセルフ・イメージと外交政策には、ヨーロッパ諸国には見られぬ奇妙な特殊性が存在してきた。十八世紀から二十世紀までのヨーロッパ諸国の指導者や知識人にとって、アメリカ外交の論理と行動はしばしば「独善的」と見なされるものであり、伝統的なヨーロッパ外交の思考パターンになじまないものであった。

（筆者はアメリカとヨーロッパで三十二年間暮らしており、アメリカ文明とヨーロッパ文明の違いを痛感することが多い。文学、哲学、社会思想、外交思想、経済思想等の分野において、アメリカ文明とヨーロッパ文明は全く別のものである。日本の親米派の言論人には、この違いを理解していない人が多い。）

例えば十九世紀の米英関係は、相互不信に満ちていた。米英間には「アングロ・サクソン同士の連帯感」などという感情は、まったく存在していなかった。同じ言語を使い、同じキリスト教を信じていても、イギリス人とアメリカ人の価値観・世界観と行動パターンは、かなり異なったものだったのである。十九世紀のイギリス政界で首相と外相を計二十五年間も務めたパーマストンは、アメリカの外交政策を「狡猾で不正直」と形容していた。キッシンジャー元国務長官も、「伝統的なイギリス外交とアメリカ外交は、まったく別のものである」とコメントしている。（米英の関係が「スペシャル・リレーションシップ」――特別に親密な関係――と呼ばれるようになったのは、第一次大戦後のことである。）

イギリスの指導者だけでなくヨーロッパ大陸の指導者や言論人たちも、アメリカの外交政策に関して、「何故、他国の歴史や伝統を無視するのか？」、「何故、あれほど独善的な行動をするのか？」という疑問を感じることが多かった。この米欧間の外交思考の違いは二極構造時代（冷戦期）、一時的に表面下に隠れていたが、二十一世紀になると再び顕在化してきた。最近、ラムズフェルド元国防長官とゲーツ前国防長官が、「ヨーロッパ諸国のNATOに対する貢献が不十分である。ヨーロッパは、もっと積極的に〝テロに対する戦い〟に参加せよ！」と、ヨーロッパ諸国を公式の席で叱責している。しかし中東情勢に対する判断だけでなく、対露政策、対中政策、通商政策、金融政策においても、米欧間の政策判断には明確な違いが生じてきた。そしてその違いの根底には、「アメリカ人とヨーロッパ人は、まったく違った世界観を持っている」という知的・精神的なギャップが存在しているのである。

それでは、十七世紀から二十世紀初頭までの、いわゆる「ヨーロッパ古典外交」――多極構造の国際社会において、バランス・オブ・パワー（勢力均衡）の維持を最も重視する外交――と比べて、過去二世紀間のアメリカ外交には、どのような特徴があるのだろうか？　欧米の外交史家はアメリカ外交の特異性として、以下の五つの特徴を挙げることが多い。

①　アメリカン・エクセプショナリズム――「アメリカは例外的な国だ、例外的に優れた国だ」という思い込み。

②　国際政治に、アメリカの政治イデオロギーをそのまま持ち込もうとする。他の諸国を、アメリカのイデオロギーを基準として判断し、裁き、処罰し、（時には）破壊する。

③　世界諸国に、アメリカの経済システムと政治制度をそのまま採用させようとする。世界を、アメリカのイメージに合わせて作り変えようとする。

④　アメリカ外交を「美しい神話」に加工・修正して、ひたすら礼賛する。アメリカの外交政策と軍事政策に関して、自己欺瞞する。

⑤　戦争になると「完全な勝利」と「最終的な決着」を求めようとする。異質な国と妥協して平和的に「棲み分け」する――バランス・オブ・パワー状態を実現し、その均衡を維持しようとする――よりも、異質な国（異質な文明、異質な体制）を完全に破壊してしまおうとする。

以下に、これらの五つの特徴を具体的に解説したい。

■「アメリカは例外的に優れている」

①　アメリカン・エクセプショナリズム──「アメリカは例外的な国だ、例外的に優れた国だ」という思い込み。

イギリスから北米大陸への入植行為は、十七世紀初頭に開始された。この時期にアメリカに移民してきたイギリス人の多くは、イギリス政府が国民に押し付けようとした英国国教（Episcopalian）に激しく反撥し、「真に正しい信仰を実践する〝神の国〟」を創る目的で新大陸に渡ってきた。彼らは、当時のイギリスの新興宗教（プロテスタント系の原理主義）のフィーバー（宗教的な熱意・熱病）を体現した人たちであった。

新興宗教の教団にしばしば見られる特徴は、「我々は、他の人々や他の組織より道徳的に優越している。我々だけが、例外的に本当の真理を把握している。我々は、我々の優れた教義と実践によって〝堕落した俗世〟を作り変えてみせる」という自信と自負心である。十七世紀初頭からアメリカ人の多くは、そのような自負心と道徳的優越感に満ちていた。

入植活動の初期にマサチューセッツ湾地域の指導者となったジョン・ウィンスロップは、「我々は、世界の人々の模範となる『丘の上の都市』を築かなければならぬ」という、米国史で有名になった説教を行った（一六三〇年）。この時期から現在まで、「アメリカは例外的に優れた国だ。アメリカこそ、世界の人々が仰ぎ見る『丘の上の都市』だ」という思い込みと自負心が、アメリカ外交の顕著な特徴となっている。レーガン大統領もアメリカのことを『丘の上の輝く都市』（a shining city on the hill）と描写して、アメリカ国民のナルシシズムとプライドを高揚させた。

外交史家のアンダース・スティーブンソンは、「〝アメリカは例外的に優れた国だ〟という思い込みがあるため、アメリカは国際政治に対して、まるで宣教師のような態度をとってきた」と述べている。著名な国際政治学者であるサミュエル・ハンティントン（ハーバード大）も、「〝神との契約〟によって〝世界のすべての人々の模範となる丘の上の都市を築く〟という使命を負ったアメリカ人は、〝我々こそ選民だ〟という自覚を持って行動してきた」（Who are We?）と解説している。

この「アメリカン・エクセプショナリズム（アメリカ例外主義）」と「アメリカ人の選民意識」に関して、保守派の外交評論家、ウォルター・リップマンは、「アメリカ人は、〝我々こそ、正義のための聖戦を実行している〟という自己陶酔に浸っている。彼らは〝我々が正しい国際秩序を創りだすのだ〟という自惚れにかられて、世界各地でまったく不必要な軍事介入を行ってきた」と批判している。リップマンは、米国民の「我々こそ、例外的に優れた国民である」という思い込みを、「メサイアニック・メガロメィニア（救世主的な誇大妄想）にすぎない」と述べている。

（リップマンは一九二〇年代から六〇年代までの米マスコミにおいて、最も冷静で論理的な外交評論家であった。アメリカの政治イデオロギーと「アメリカの道徳的優越性」を振りかざして、他の諸国に対する武力介入と内政干渉を続ける米政府に対して、リップマンは冷徹な批判を続けた。常にクールで保守的なリップマンが提唱したのは、国際政治におけるバランス・オブ・パワーの維持を最優先させる、非介入主義的なリアリスト派の外交戦略であった。）

ウェスト・ポイント（陸軍士官学校）を卒業してベトナムで戦い（陸軍大佐）、プリンストン大学から博士号を得てボストン大学の国際政治学教授となったアンドリュー・ベーセビッチも、アメリカ例外主義を次のように批判している。

「伝統的なアメリカン・エクセプショナリズムに基づく外交政策は、二十一世紀になっても脈々と続いている。アメリカ人とイスラエル人は、『自分達は例外なのだ』と考える癖がある。そのせいで彼らは、他国・他民族に対して一方的に軍事力を行使することを躊躇しない……このようなエクセプショナリズムの外交政策は、アメリカに敵対する国を不必要に増やしてきただけだ」（New American Militarism）

ベーセビッチは保守的な人物である。長期間、職業軍人であった彼は、けっして「ハト派」ではない。しかし彼は、「自分達は、例外的に優れた存在なのだ」と考えて安易に軍事力を行使したがる冷戦後のアメリカを、「〝ユートピア的な世界を実現する〟と自己ＰＲする、軍国主義国家になってしまった」と嘆いている。（アメリカのネオコン勢力とイスラエル・ロビーがプロモートした二〇〇三年のイラク戦争に対して、ベーセビッチは開戦前から強く反対していた。陸軍将校であった彼の長男は二〇〇七年、イラクで戦死した。）

十九世紀から二十一世紀初頭まで、このアメリカン・エクセプショナリズムの伝統は、アメリカによる一方的な軍事力行使と勢力圏拡大政策を、「アメリカ外交は例外的に道徳的である。したがってアメリカによる軍事介入と他国に対する内政干渉は、道徳的に正当化できる」と理由づけてきた。他国の軍備拡張と戦争犯罪に対して〝まるでピューリタンのように高邁で峻厳な態度〟をとることの多いアメリカが、自国の軍備拡張と戦争犯罪行為をあっさり正当化してきたのも、「アメリカはエクセプショナルなのだ。我々の外交政策と軍事政策は、常に道徳的に優越しているのだ」という自負心に拠るところが大きい。

■イデオロギー国家

②　国際政治に、アメリカの政治イデオロギーをそのまま持ち込もうとする。他の諸国を、アメリカのイデオロギーを基準として判断し、裁き、処罰し、（時には）破壊する。

アメリカ外交の二番目の特徴は、そのイデオロギー性の強さにある。アジアやヨーロッパ諸国と違ってアメリカは、「特定の政治イデオロギーの実現」を旗印（口実）として人為的に作られた国家である。日本や西欧諸国は、特定の政治イデオロギーを実現するために独立戦争を闘って創られた人為的（人造的）な国家ではない。政治体制が王制であれ共和制であれ封建制であれ、アジアとヨーロッパの諸国は、長い年月をかけて国民国家として成長し、発展し、成熟してきたのである。

しかし十八世紀末に独立国となったアメリカはそのような成長と成熟のプロセスを経ずに、多民族による人造国家として発生し、短期間で急速な発展を遂げた。このためアメリカ人は、自国のアイデンティティを確認、もしくは主張しようとする際に、アメリカのイデオロギー——自由主義、民主主義、資本主義、機会平等主義——を過剰に強調する癖がある。そして、自国の国内政治においてイデオロギーの果たす役割を過剰に強調してきたアメリカは、国際政治にもアメリカのイデオロギーをそのまま持ち込んで、他国と他民族を判断し、裁き、処罰してきた。これは、帝国主義全盛期のイギリス、フランス、オーストリア、プロシア等の外交政策には見られなかった、アメリカ外交の特異性である。（日本人やヨーロッパ人の多くが、「アメリカ外交は、独善的で押し付けがましいなぁ」と感じることがあるのは、このアメリカ外交のイデオロギー性の強さのためである。）

サミュエル・ハンティントンは、「諸外国の政治体制が、アメリカのイデオロギーの基準から見て好ましいか好ましくないかが、アメリカがその国に対して戦争を仕掛けるか否かを決める判断に影響を与えてきた」と解説している。（ハンティントンは、そのような外交政策に批判的であった。）

コネティカット大学の外交史教授、フランク・コスティグリオラは、「自分達のイデオロギーの判断基準をそのまま国際関係に持ち込んで、他の諸国を『邪悪だ！』とか、『この国には自由が無い！』などと一方的に決めつけるやり方は、アメリカ人自身の外交政策判断力を衰退させる原因になってきた。他国を簡単に『邪悪だ！』と決めつけてしまうと、その国に独自の事情を理解することがますます難しくなる」(Reading for Meaning) と述べて、国際政治に自国のイデオロギーを即座に持ち込む癖のあるアメリカ外交を批判している。

タフツ大学の国際政治学者、トニー・スミスも、「いつもイデオロギーという色眼鏡をかけて国際関係を見るアメリカ人は、現実の世界をそのまま認識することが困難になっている。このような態度は、アメリカ外交にとって墓穴を掘ることになりかねない」と警告している。スミスは、「民主主義と自由を世界に拡めるのだ！」というイデオロギーを振りかざしてアメリカの勢力圏を拡大しようと試み、イラク、パキスタン、アフガニスタン、イエメン等に軍事介入してきた最近のアメリカ外交を、「アメリカの国益にダメージを与えてきただけだ」と批判している。

冷戦時代、共産主義陣営を相手として闘っていた時のアメリカは、他の諸国から「自由主義陣営の力強いリーダー」と見なされて、アメリカの政治イデオロギーをそのまま国際政治に持ち込んでも、西側諸国の賛同を得ることができた。しかしソ連帝国が消滅し、二極構造が終焉した世界で、自国のイデオロギーを――時に国連や国際法を無視し、圧倒的な軍事力にものを言わせて――他国に押し付けようとしてきたアメリカ外交は、多くの国から冷やかな眼で見られるようになっている。

■キッシンジャーの批判

③　世界諸国に、アメリカの経済システムと政治制度をそのまま採用させようとする。世界を、アメリカのイメージに合わせて作り変えようとする。

アメリカ外交の三番目の特徴は、「アメリカの制度こそ世界最高であり、人類はアメリカのシステムをそのまま採用すべきであるという思い込み」（キッシンジャー元国務長官）である。

キッシンジャーは著作や論文の中で、「もし世界諸国が平和を望むならば、世界はアメリカの道徳的な処方箋に従うべきだ、というアメリカ政府の信念」を批判的に記述している。ヨーロッパ生まれのキッシンジャーは、十七〜十九世紀のヨーロッパ外交史の専門家としてアメリカの国際政治学界で頭角を顕した人物である。彼は、「他国の歴史や伝統を、アメリカの外交政策によって作り変えようとする」というやり方を、「イギリス外交には見られなかった特徴」であり、「他の諸国にとっては、まさに革命的な結果をもたらすものだ。しかもアメリカ国民は、アメリカ外交が他国にもたらす革命的な結果に対して無頓着だ」(Diplomacy)と批判している。

(最近二十数年間、アメリカ政府は、日本の企業経営、雇用慣行、会計制度、法制度、医療制度まで、アメリカに類似した制度を採用するよう日本に要求してきた。アメリカ人は、そのようなやり方によって日本社会と日本文明に「革命的な結果をもたらすことに関して、無頓着」なのである〔苦笑〕。)

ワシントンのシンクタンク、ニュー・アメリカ・ファウンデーション(新アメリカ財団)の外交アナリストであり、以前は国務省の政策アドバイザーであったマイケル・リンドは、「アメリカ政府は、その権力——軍事力、政治力、経済力——を使って、世界諸国をアメリカのやり方に適応させようとする。他の諸国は、自国の外交を国際環境に合わせようとするが、アメリカ外交は、国際環境をアメリカのやり方に合わせようとするのだ」(American Way of Strategy)と解説している。

ジョージ・ケナンも、「アメリカの外交政策は、アメリカの権力を使って他国の歴史を根本的に変えてしまおうとするものだ」と述べている。冷戦初期のアメリカ外交の基本政策となったソ連陣営に対する「封じ込め戦略」を国務省の政策立案局長として作成したケナンは、自称「十八世紀のヨーロッパ的な人間」であり、西欧文化とロシア文化に対して深い理解を持つ人物であった。彼はアメリカの外交戦略家には珍しく、繊細な感受性と審美眼を備えた、古典的な教養人であった。ケナンは第二次大戦後、米軍将校と国務省官僚が、ドイツと日本の文化と伝統を無視して日独両国にアメリカの政治システムと価値基準をそのまま押し付けようとしたことを、鋭く批判していた。

ケナンは冷戦終了後、「世界一極化」を目指してアメリカの政治イデオロギーと経済制度を世界諸国に押し付けようとしたクリントン外交を“childish and silly”（幼稚で、愚かだ）と描写している。彼は、「世界諸国にアメリカの自由を与えるのだ！」と豪語してアメリカによる一方的な軍事介入と強制的なレジーム・チェンジ（体制転換）政策を強行したブッシュ（息子）外交について、「これはアメリカ外交の大惨事だ」と慨嘆していた。

ケナンとキッシンジャーは、第二次世界大戦が起きた根本的な原因は、第一次大戦直後（一九一九年）の「アメリカ外交の自惚れ」にある、と判断している。

キッシンジャーは、「ウィルソン大統領は、アメリカの政治理念をそのまま世界諸国に採用させることによって、〝ヨーロッパの伝統的なバランス・オブ・パワー（大国間の勢力均衡）外交を廃止できる〟と思い込んでいた」と述べている。ケナンも、「オーストリア・ハンガリー帝国を解体させ、中欧と東欧に数多くの中小国を創りだすことによって、ウィルソンはヨーロッパのバランス・オブ・パワー・システムを破壊してしまった……他国の歴史を無視して、国際政治を突然、自国のイメージに合わせて作り変えようとするアメリカ外交は、〝巨大な自惚れ〟に満ちている」（American Diplomacy）と述べている。

一九四〇年代から六〇年代にかけてアメリカの国際政治学に最も強い影響を与えたハンス・モーゲンソー（シカゴ大学）も、「二十世紀のアメリカ外交とは、幾つかの単純な〝道徳的原理〟を振りかざして、世界をアメリカのイメージに合わせて作り変えようとするものだ。アメリカ国民の知的な貧困が、このような外交政策を作り出してきた」（In Defense of the National Interest）と解説している。ヨーロッパ育ちの保守派（リアリスト派）であるモーゲンソーは、他国の歴史、伝統、文化を学ぼうとしないアメリカの政治家と言論人に対して、不信感を抱いていた。

■神話創りの〝才能〟

④　アメリカ外交を「美しい神話」に加工・修正して、ひたすら礼賛する。アメリカの外交政策と軍事政策に関して、自己欺瞞する。

アメリカ外交の四番目の特徴は、神話化である。アメリカ国民は、自国の政治史と外交史を神話化するのがとても上手い。ヨーロッパ人や日本人よりも、はるかに上手い。そしてアメリカ人は、神話化した自国の政治史と外交史の「高い理想に満ちた美しいストーリー（筋書き）」を繰り返し語り合っているうちに、これらの「美しい神話」こそが真実であり、アメリカにとって都合の悪い外交政策や軍事政策の歴史的な事実は「無かったことにしてしまう」という素晴らしい才能を持っている。

ニューヨーク大学の歴史学者、カレン・オダール・クッパーマンは、アメリカ国民の〝神話創りの才能〟に関して次のように述べている。

「十七世紀初頭に最初の入植者がマサチューセッツに着いた時から、アメリカ人は自国の歴史を『美しい神話』として創りあげ、記憶してきた。入植者たちは、彼らを親切に迎え入れてくれたアメリカ・インディアン（北米大陸の先住民）の部落を襲撃し、インディアンたちが冬の極寒期を生き延びるために蓄えていた食料を奪い、家屋を破壊し、彼らの墓を掘り起こして埋葬品を盗むことまでした。

インディアンを大量に殺害して彼らの農地を奪った入植者たちは、『我々は新大陸で正しい信仰を実践するため、神の国を創った』という建国神話を作り、その神話を繰り返し宣伝して

『歴史的な真実』に仕立て上げた。アメリカ国民は、〝自分たちは信心深く謙虚で、聖なる徳を実践するために神に選ばれた民だ〟という自信と自覚を持つようになり、〝世界の諸国民の模範となる『丘の上の都市』を築いた〟というプライドに満ちて行動するようになった。

インディアンの農地と狩猟地を奪い、彼らを奴隷として使用するようになったアメリカ人は、次にアフリカから大量の奴隷を購入して、アメリカの経済発展の道具として使用した。この過程で、〝アメリカこそ、世界の諸国よりもはるかに道徳的に優越した国だ〟というアメリカ国民の自負心は、ますます堅固になっていった」(America's Founding Fictions)

著名な外交史家であるコネティカット大学のトーマス・パターソン教授も、次のように指摘している。

「アメリカ国民が好む政治史と外交史の解釈は、〝アメリカは、自由と民主主義を世界に拡めるため、常に高い道徳規範と政治的な理想に燃えて世界平和と繁栄のため偉大な貢献をしてきた〟という筋書きのものだ。米政府、教育機関、マスコミ人は、現在もこの理想化された歴史解釈をせっせとプロモートしている。この〝美しい筋書き〟は、多くのアメリカ国民にとってとても心地良く、満足できる歴史観なのだ。そして都合の悪い歴史的な事実――例えば、先住民インディアンの大量虐殺、奴隷制度、メキシコ領土の大規模な強奪、アメリカの外交政策がラテン・アメリカ諸国に腐敗した独裁政権(傀儡政府)を押しつけてきたこと等々――は、なるべく触れないことになっている。最近、ロシア（エリツィン政権）に『ショック療法』と呼ばれるアメリカ製の経済改革プランを押し付けてロシア経済を破壊してしまったが、これもすでに『アメリカ外交の忘れられた史実』となっている」（Defining and Doing the History of US Foreign Relations）

パターソンによると、「歴史を修飾し、改訂して、『自己礼賛のお話』を創りあげるのが、建国時から現在まで続いているアメリカ外交のパターンである」という。

■ヒロシマ・ナガサキの正当化

アメリカ外交史の数多くの「神話」のなかで日本人にとって特に興味深いのは、アメリカ政府による「原爆正当化の神話創り」（核攻撃を正当化する歴史解釈）である。

言うまでもなく一九四五年の広島・長崎に対する核攻撃は、明白な戦争犯罪行為であった。最初から非武装の民間人を大量に無差別殺害することを目的としてなされる軍事行為は、すべて戦争犯罪だからである。しかし第二次大戦後、アメリカのほとんどの政治家とマスコミ人は、非武装の民間人に対する二度の核攻撃を執拗に正当化してきた。

実は一九四五年、米軍の最高指揮官として政策決定に参加していた職業軍人たちは、非武装の民間人を原爆によって大量殺害することに反対していた。陸軍参謀総長であったマーシャル大将（後に国務長官）は、原爆投下の二ヵ月前、スティムソン陸軍長官に、「原爆は日本の軍事基地に対して使用されるべきであり、民間人を殺害するために使うべきではない」と伝えている。一九四五年八月、ヨーロッパ戦線の最高指揮官であったアイゼンハワー陸軍大将は、「原爆が使用された時、日本政府はすでに敗戦のための交渉を始めていた。あのような残忍な兵器を日本人に対して使う必要はなかったはずだ」と述べて、二度の核戦争犯罪に対する嫌悪感を表明していた。

トルーマン大統領の補佐官であったレーヒー海軍大将も、「原爆が投下された時、日本はすでに抗戦能力を失って降伏する準備をしていた。あの野蛮な攻撃は不必要であった。あのような行為を行うことによって我々アメリカ人は、暗黒時代の野蛮人と同じ道徳基準しか持っていないことを示した。私は、あのようなやり方で戦争を遂行するという教育を受けていない。戦争とは、女性や子供を大量殺戮することによって勝つべきものではない」と述べている。

アメリカの軍人の中には（後に戦略爆撃軍の総司令官となった）カーティス・ルメイ空軍大将のように、焼夷弾を日本の数十の都市に豪雨のように降り注ぎ、婦女子と老人を次から次へと計画的に大量焼殺していくことを心から楽しんでいた「勇敢な軍人」も少なくなかった。しかしマーシャル、アイゼンハワー、レーヒーのようにまともな価値判断力を持つ米軍幹部は、民間人に対する二度の核攻撃が明らかな戦争犯罪行為であることを、明瞭に認識していたのである。

しかし建国以来、自国の外交政策と軍事政策を常に「美しい神話」として政治宣伝し、「誇らしい国家記憶」として温存してきた伝統のあるアメリカ政府は、非武装の婦女子に対する核攻撃が明白な戦争犯罪であることを認めるわけにはいかなかった。そこでトルーマン政権と、民主党を熱心に支持していた「良心的なインテリ」や「進歩的なマスコミ人」は、「原爆投下は軍事的に必要なものであり、正当な道徳的行為であった」という神話を製造する作業を始めた。この「原爆正当化の神話」を作成する作業は、それほど困難なものではなかった。

スタンフォード大学の歴史学者、バートン・バーンスタインによれば、「ヨーロッパの民間人を米軍が空爆した時とは違って、アメリカ政府は日本の民間人を空爆によって大量殺害することを躊躇しなかった。アメリカの指導者と国民の多くは、日本人のことを『黄色いケダモノ』――人間以下の存在――と見なしており、なかには核兵器によって日本人を大量殺戮したことを喜んでいた者もいた……後にトルーマン大統領は、〝本土決戦を決行すれば五十万人の米兵が死亡した。五十万の命を救うため、原爆を使う必要があったのだ〟と述べて、原爆使用を正当化した。しかし当時の資料を調べても、〝五十万の米兵の命を救うために原爆を使用すべきだ〟などという発言や報告は、何処にも見つからない」(Atomic Bombings Reconsidered)。

コロラド大学の外交史学者、ロバート・シュルジンジャー教授も、次のように指摘している。

「アメリカ国民は、広島と長崎に原爆を投下することによって〝百万の米兵の命が救われた〟と信じこんでいる。これはまったく、何の根拠もない神話にすぎない。学者の中で、こんな神話を支持している者はいない。しかしアメリカでは、これが『定説』となってしまった。一九九五年にワシントンのスミソニアン博物館が原爆投下に関する歴史的事実を展示しようと試みたが、政治家とマスコミから猛烈な圧力をかけられて、この展示をキャンセルせざるをえなくなった。これも、〝アメリカの政治勢力が創りあげた『国民的な記憶』は、真面目な学術的研究よりもはるかに強い影響力を持っている〟という典型的な例だ」(Memory and Understanding US Foreign Relations)

シュルジンジャーによると、外交史や政治史を専門とする学者が真面目な著作や論文を発表しても、「アメリカの外交政策と軍事行為を正当化し、賛美してきた国家神話には太刀打ちできない」という。

アメリカの〝良心的な知日派のインテリ〟は、二十一世紀になっても、この「核攻撃正当化の神話創り」を続けている。例えば二〇一〇年に出版された文春新書『日米同盟vs.中国・北朝鮮』においてジョセフ・ナイ元国防次官補(ハーバード大教授)は、「あの時(一九四五年夏)、核兵器というものに十分な理解が浸透していなかった。核を人間に使用することのタブー感はその後から湧いてきたのです……そして(トルーマン)大統領の側近たちは皆、こう口を揃えるのです。『日本の本土上陸作戦には六十万人もの犠牲者が出る……』と」と述べている。

しかしバーンスタインやシュルジンジャーの研究で明らかなように、「六十万の命を救うため、原爆を使う必要がある」などという発言や報告は、当時、何処にも存在していなかった。

〝知日派インテリ〟ナイの発言は、単なる「美しい神話」にすぎない。正直な職業軍人であったマーシャル、アイゼンハワー、レーヒー等と違って、ジョセフ・ナイ先生は、「二度の核攻撃を正当化する国家神話を創り上げるのも、アメリカのソフト・パワーの発揚なのだ」と思っているのかもしれない（苦笑）。

■世界百三十二ヵ国に七百以上の軍事基地

ウィスコンシン大学の歴史学者、スーザン・ブルュワー教授は、『アメリカは何故、戦うのか』という著作において、アメリカの指導者層が自国の外交政策と軍事政策を常に美化（神話化）して、アメリカ外交の真の意図と目的を米国民から隠してきたやり方を、「アメリカ外交に定着したパターンである」と述べ、数多くの実例を挙げて説明している。ブルュワーによれば、

「アメリカ政府の指導者たちは、アメリカの覇権を海外に拡張しようとする目的によって実行

された多くの戦争を、〝世界に自由と民主主義を拡めるための、道徳的な戦争である〟と政治宣伝してきた。彼らは、〝アメリカは領土拡張を求めない〟と繰り返し明言しながら、世界中に数多くの保護領（属国）と傀儡政権を設定し、これらの諸政府にアメリカにとって都合の良い経済政策と軍事政策を押し付けてきた。二〇〇八年の時点で、アメリカは世界の百三十二ヵ国に七百以上の軍事基地を運営している」

このようなアメリカ外交の神話化のパターンを、ハーバード大学の外交史学者、ニアル・ファーガソンは、「常に大きな声で〝我々は帝国主義に反対する！〟と叫びながら実際には帝国主義を実行してきたのが、アメリカ外交のやり方だね」と、ニヤッと笑いながら解説している。ちなみに、ブルュワーが「アメリカは世界中に数多くの保護領と傀儡政権を設定し、これらの諸政府にアメリカにとって都合の良い経済政策と軍事政策を押し付けてきた」と述べる時、これら「数多くの保護領と傀儡政権」には、敗戦後の日本の歴代政権も含まれている。一九九七年にブレジンスキー元安全保障政策補佐官が率直に指摘したように、敗戦後の日本は、「自主防衛能力を持つことを禁止された、アメリカの保護領」なのである。

公開されている米外交資料によると、一九五二年春に日本が形式的な独立を回復した後も、「アメリカ政府は、日本の真の独立を許さない。アメリカは、米軍による日本の実質的な占領体制を維持する」（ダレス国務長官の表現）のであった。

筆者自身もクリントン政権時、国防総省の日本部長に、「我々は、日本が自主防衛能力を持つことを許さない。冷戦終了後もアメリカが日米同盟を続けている最大の理由は、日本人に自主防衛能力を持たせないためだ」と、面と向かって言われたことがある。このような対日政策を受け入れてきた歴代の自民党・民主党政権は、「独立国ごっこを演じてきた、アメリカの傀儡政権」なのではあるまいか？

勿論、アメリカの「保護領」とされたことを心の底から喜んでいる護憲左翼と親米保守派の日本人も多い。彼らはアメリカの占領政策の「美しい神話」を受け入れることによって、過去六十余年間、アメリカの保護領として存在してきた「日本という国家の、擬似独立性」にも、気がつかないフリをしている。批評家の江藤淳が指摘したように、敗戦後の日本人は「ごっこの世界」に住んできたのである。

「アメリカ外交を『美しい神話』に修正して、ひたすら礼賛する」という世論操作は、二十一世紀になっても続いている。最近六十余年間のアメリカの中東政策と対イスラム圏政策が明白な失敗であったことが明らかであるにもかかわらず、アメリカの政界、官界、言論界には、自国の中東政策の失敗を正当化し、美化しようとする外交評論が溢れている。

■無知で単純な外交

⑤　戦争になると「完全な勝利」と「最終的な決着」を求めようとする。異質な国と妥協して平和的に「棲み分け」する――バランス・オブ・パワー状態を実現し、その均衡を維持しようとする――よりも、異質な国（異質な文明、異質な体制）を完全に破壊してしまおうとする。

このアメリカ外交の五番目の特徴は、すでに述べた「他の諸国を、アメリカのイデオロギーを基準として判断し、裁き、処罰し、（時には）破壊する」という特徴と、「世界を、アメリカのイメージに合わせて作り変えようとする」という特徴から生じたものである。

ウェストファリア条約（一六四八年）から二十世紀初頭までのヨーロッパの古典的なバランス・オブ・パワー外交と違って、アメリカ外交には「自分達の政治思想と経済制度だけが正しい！」と思い込む奇妙な癖がある。このような独善癖のあるアメリカ外交は、一旦、戦争になると、「完全な勝利」と「最終的な決着」を求めて〝敵性国に対して無条件降伏を迫る〟という、不必要なまでにアグレッシヴな外交政策を実行してきた。

キッシンジャーは、「いつも〝道徳的な原則〟を振りかざすアメリカ外交には、不気味な性格がある。アメリカは、自国が敵とみなす国を徹底的に叩きのめすまで戦争を止めようとしない。敵性国と妥協することを拒絶して〝完全な勝利〟を追求するのが、アメリカのやり方だ……帝国主義時代のイギリス外交には、このような独善性と非妥協性は見られなかった」（Diplomacy）と指摘している。

キッシンジャーと同様にバランス・オブ・パワー政策を重視するリアリストであったジョージ・ケナンも、「戦争した後にもバランス・オブ・パワーを維持しなければならないことを考慮すれば、〝敵性国を徹底的に破壊する〟などという単純で高慢な外交政策を実行しないはずだ。ところがアメリカ国民は、このことが理解できない。彼らは常に〝完全な勝利〟と〝絶対的な結果〟を求めようとする。アメリカは〝民主主義にとって安全な世界を造る〟とか、〝すべての戦争を終わらせるための戦争を実行する〟など、現実の世界のバランス・オブ・パワー情勢を無視した外交スローガンを振りまわして戦争してきた……戦争の目的は、交戦国同士が満足できる（もしくは我慢できる）妥協策を見つけることにあるはずだ。しかしアメリカはいつも、敵性国の意志と能力を完全に叩き潰すことを目的として戦争してきた」（American Diplomacy）と述べている。

敵性国との交渉や妥協を嫌い、一方的な態度で「完全な勝利」と「最終的な決着」を求めるアメリカのやり方を、ケナンは「過去の国際政治史に無知であり、単純すぎる外交だ」と描写している。彼は著作や書簡の中で、第一次世界大戦でドイツとオーストリアを叩き潰し、第二次大戦で日本を叩き潰したアメリカの外交政策を、繰り返し批判している。ドイツ、オーストリア、日本の国防力と外交能力を完全に破壊してしまったアメリカ外交は、大戦後のアメリカにとってのバランス・オブ・パワー条件を悪化させただけだからである。

（言うまでもないことであるが、ドイツと日本を叩き潰したアメリカ外交によって巨大な利益を得たのは、ソ連共産党と中国共産党であった。第二次大戦後の国際政治が二極構造という極めて特異な構造になったのも、バランス・オブ・パワー戦略のセンスに欠けるルーズベルト政権が、ドイツと日本の国防力と外交能力を徹底的に破壊してしまったからである。

奇妙なことにアメリカ政府は二十一世紀になっても、「日本が自主的な国防能力を持つことを阻止する。日本を包囲する一党独裁国である中国、北朝鮮、ロシアが日本をターゲットとする核ミサイルをどれほど多く配備しても、民主主義と自由主義を実行してきた日本にだけは核保有を許さない」という対日政策を続けている。アメリカ政府が一九四二年に決定し、現在まで続いている、「日本人から、永遠に自主防衛能力を剥奪しておく」という政策によって大きな地政学的利益を得てきたのが、中朝露三ヵ国である。）

勿論、アメリカのすべての政治家が、第一次大戦時のウィルソン大統領や第二次大戦時のフランクリン・ルーズベルト大統領のように、「敵性国の意志と能力を完全に叩き潰すことを目的として、戦争を遂行する」という単純な外交思考しか持たない人物だったわけではない。日露戦争の調停役を買って出たセオドア・ルーズベルト大統領は（ウィルソンよりも前から）、第一次大戦にアメリカが（英仏側に味方して）参戦する必要性を主張していた。しかし同時にセオドア・ルーズベルトは、ドイツ帝国の国力と国家体制をアメリカが叩き潰してしまうことにも反対していた。「ドイツを完全に破壊すると、ロシアにとって有利な状況を作ってしまう。そのようなやり方は、将来のヨーロッパの均衡と安定につながらない」というのが、彼の戦略分析であった。

セオドア・ルーズベルトは一九〇五年にも「東アジア地域において、日本とロシアの勢力をバランスさせておく」（つまり日本にもロシアにも、東アジアにおける覇権を握らせない）ことを目的として、日露両国にポーツマス条約を締結させた。セオドア・ルーズベルトはアメリカ人としては珍しく、十八〜十九世紀のイギリスやオーストリアの外交指導者のように成熟したバランス・オブ・パワー政策を実行する思考力を持つ人物であった。

アメリカ外交の深刻な問題——根本的な欠点——は、セオドア・ルーズベルトやアイゼンハワーのように「成熟したバランス・オブ・パワー外交」を実行できる大統領が、歴史的に見て少数しか存在しなかったことである。アメリカ外交には、ウィルソン、フランクリン・ルーズベルト、ケネディ、ブッシュ（息子）のように、出来もしないくせに「道徳的理念に基づいた新しい世界秩序を構築してみせる」と豪語する、「勇気に満ちた理想主義的な政治家」が多すぎるのである。

そして、これらバランス・オブ・パワー政策の必要性を理解できない「勇気ある理想主義者」たちは、しばしば、アメリカの政治イデオロギーを受け入れようとしない異質な国（異質な文明、異質な体制）を、完全に破壊しようと試みてきた。彼らは「理想的な国際秩序」を実現するためには、敵性国の婦女子を焼夷弾やクラスター爆弾によって大量殺害してでも、「完全な勝利」と「最終的な決着」を求めようとするのである。

リアリスト派のウォルター・リップマンは、「アメリカ人は〝正義のための聖戦を実行している〟という幻想に自己陶酔しているから、世界中で際限もなく軍事介入したがる。何時になったらこの国は、虚栄心を捨てて成熟した大人の国となり、〝軍事力の行使には限界がある〟という当たり前の教訓を学ぶのだろうか」（Today & Tomorrow）と嘆いていた。リップマンがこう嘆いたのは、一九六〇年代のことである。もしリップマンが現在も生きていたら、彼はきっと同じように米外交を批判するだろう。

■プロパガンダとディモナイゼーション

「完全な勝利」と「最終的な決着」を求めようとするアメリカ外交には、「敵性国や敗戦国をディモナイズする」という子供っぽい癖がある（demonize とは「悪魔化する」、「他国や他民族を、あたかも悪魔であるかのごとく誹謗する」という意味)。
「アメリカは正義のため、自由のため、そして世界の民主主義のために、道徳的な戦争を闘っている！」という外交宣伝を長期間にわたって継続する習性のある米政府には、戦争が終了した後も、敗戦国の国内体制と歴史解釈をディモナイズして汚名を着せようとするパターンがある。そして米政府は、自国の戦争行為――特に自国の戦争犯罪行為――を正当化するために、戦争裁判という「外交プロパガンダの大芝居」を演出してみせる政治的な必要性にかられるのである。

例えば一九一九年のヴェルサイユ講和条約では、その第二百三十一条において、第一次大戦の責任はすべて敗戦国ドイツにあることが宣言された。実際には、この世界大戦が始まった直接の原因はバルカン半島におけるオーストリアとロシアの勢力圏拡大紛争にあるのであり、「今回の戦争は、すべてドイツ軍国主義とドイツの封建的な国内体制のせいだ」というディモナイゼーションには明らかに無理があったのであるが、それにもかかわらず「ドイツだけが悪い」と決めつける戦争責任条項（War Guilt Clause）が設定された。

そしてこの条項を「法的・倫理的な根拠」として、ドイツは巨額の賠償金を支払うことを強要され、しかも「敗戦後のドイツが自主防衛能力すら持てないよう、厳しく軍備を制限する」という報復措置まで課されたのである。（ドイツが所有することを許されたのは、兵力十万人の陸軍と六隻の巡洋艦だけであった。敗戦国ドイツは、少量の戦車、大砲、飛行機、潜水艦を所有することすら禁止された。）「敗戦国ドイツから、自主防衛能力を永久に剥奪しておく」とするのが、この戦争責任条項の意図であった。

アメリカは敗戦国日本に対しても、同じようなディモナイゼーションと戦争責任追及プロパガンダを行った。占領軍の作成した憲法と米軍の日本駐留継続によって、「日本人から、永久に自主防衛能力を剥奪しておく」とするやり方も、同じである。（バージニア大学の外交史学者、メルヴィン・レフラーによれば、一九四七年の米国務省の内部文書には、「日本が独立国としての運命を歩むことを許さない。日本をアメリカの衛星国として存在させる」と記述されているという。二十一世紀になっても、この対日政策は維持されている。）

このようなアメリカ外交のやり方に比べて、十七〜十九世紀のヨーロッパ諸国は「戦争に勝っても負けても、その国の道徳的な優劣とは無関係だ」というクールで実務的な終戦処理をしていた。戦争に負けた国が「道徳的に邪悪」なわけでもなければ、戦争に勝った国が「聖徳に満ちている」わけでもない、というのが、当時のヨーロッパ人の外交判断であった。ヨーロッパの貴族、外交官、軍人たちは、「敗戦国を一方的にディモナイズして、永遠の汚名を着せる。敗戦国から永久に自主防衛能力を剥奪しておく」という復讐劇を演じてみせる必要性を感じなかったのである。

十九世紀の初頭、皇帝ナポレオンが世界制覇を企てる大侵略戦争を実行してヨーロッパ諸国とロシアに対して巨大な被害を与えた時ですら、「侵略国」フランスに対する懲罰は極めて軽微かつ非感情的なものであった。敗戦後のフランスは、戦前の領土と軍備をそのまま維持することを許された。フランス軍将校による「戦争犯罪」に対する追及も、皆無であった。ウィーンの講和会議を指導したイギリスとオーストリアの政治家たちは、敗戦国フランスに汚名を着せたり、「ウィーン裁判史観」を押し付けてフランス人の歴史観を歪曲したり、フランスから永久に自主防衛能力を剝奪しておこうとしなかった。彼らは、そのような復讐心に満ちた終戦処理は「大戦後のヨーロッパの長期的なバランス・オブ・パワー維持にとって、マイナスになるだけだ」と判断する冷静な思考力を持っていたのである。

二十一世紀になってもアメリカの政治家とマスコミ人たちは、イラン、パキスタン、パレスチナ、レバノン（ヒズボラ）、シリア等を、せっせとディモナイズしている。他国の文明に対して成熟した視点を持てないアメリカは、「敵性国や敗戦国に対する一方的なディモナイゼーションは、長期的に見ると国際政治の安定につながらない」という理屈が理解できないのである。

以上の五項目が、アメリカ外交の特徴である。ナルシシスティックな傾向を持つアメリカ外交が、十七〜十九世紀にイギリス、フランス、オーストリア等が実践した「古典的なヨーロッパ外交」とは明らかに異なっていることが、御理解いただけたのではないだろうか。

アメリカ外交には、バランス・オブ・パワー維持の重要性を理解しない攻撃的な性格がある。フランスの外交評論家、エマニュエル・トッドが指摘したように、「冷戦時代、ソ連と対立していた時のアメリカ外交は、国際政治の安定化要因であった。しかし冷戦後のアメリカ外交は、国際政治を不安定化させる要因となっている」(Apres L'empire) のである。穏健なリアリスト派であるジョンズ・ホプキンス大学のディビッド・カレオ教授は、「冷戦終了後、世界覇権を独占することに執着してきたアメリカは、世界平和の最大の攪乱要因となってしまった」と嘆いている。

(幸か不幸か日本は、現在の国際政治の二つの巨大な不安定要因——独善的で一方的なアメリカ帝国と大軍拡を続ける中華帝国——に挟まれている。冷戦後の日本が置かれた国際環境は、世界最悪の地政学的環境ではあるまいか?)

第2章　驕れる一極覇権戦略

■東西二極構造は本望ではなかった

本章では、二極構造時代（一九四七〜八九年）のアメリカのグランド・ストラテジーが、一九九〇年代初期に「世界一極化」戦略へと移行したプロセスを説明したい。

アメリカは一九四〇年代の後半期に、米ソの勢力圏が明確に対立する東西冷戦構造を造った。しかしこの「世界を二極構造にする」という行為は、一九四五年の終戦時にホワイトハウスと米国務省が望んでいたことではなかった。アメリカは一九四三年から四五年にかけて、「第二次大戦後は、アメリカを中心とする国際構造を造る。他の諸国が独自の勢力圏を持つことを許さない。戦後の国際社会に、十七〜十九世紀的なバランス・オブ・パワー体制が再び出現することを阻止する」（メルヴィン・レフラー）という、きわめて野心的で一極主義的な国家戦略（US-centric Unipolar Hegemony）を構想していたのである。

第一次大戦後、他国の政治史と外交史を理解する能力に欠けていた〝理想主義的な学者政治家〟ウィルソン大統領は、「バランス・オブ・パワー外交は時代遅れだ」と断言して、国際政治の多極化を阻止しようと試みた。ウィルソンは、国際連盟という強制執行能力を持たない国際機関を創って、ここで諸国の代表が討論したり投票したりすれば、「諸国間の軍事紛争、軍備競争、勢力圏拡大行為を、非合法化できる」と夢見ていたのである。同様に第二次大戦の末期、フランクリン・ルーズベルトと米国務省の官僚は、「大戦後の国際政治におけるバランス・オブ・パワー外交を廃止する」という野心的な――最初から実現不可能な――目標を設定した。米政府は国際社会を、アメリカの政治イデオロギーと経済制度と軍事覇権が独占的に支配する「紛争と対立のない一極構造の世界」に作り変えたかったのである。

（多くのアメリカの外交史家によれば、世界諸国を〝米外交の三点セット〟――アメリカの政治イデオロギー、経済制度、軍事覇権――によって支配しようとする米外交のパターンは、一八九〇年代に形成されたという。この頃からアメリカの外交政策は、攻撃的で拡張主義的な性格を顕すようになった。既に述べたアメリカ外交の特異性――「国際政治に、アメリカのイデオロギーをそのまま持ち込む。世界諸国を、アメリカのイメージに合わせて作り変えようとする」――が、このような外交戦略を生み出す源泉となってきた。）

冷戦期の米外交史の専門家であるメルヴィン・レフラーによれば、「冷戦時代の初期、アメリカは、国際政治においてバランス・オブ・パワーを維持しようとする戦略を望んでいなかった。アメリカの追求した外交戦略は、『国際社会において、アメリカの圧倒的な勢力を確立する』――つまり、アメリカをカウンター・バランスする能力を持つ国の出現を許さない――という政策であった」（Preponderance of Power）という。

「ソ連封じ込め戦略」を構想したケナンの後任として国務省の政策立案局長を務めたポール・

ニッツも、彼の起草した戦略文書の中で、「アメリカの圧倒的な勢力を確立する必要性」を力説している。ニッツとアチソン国務長官は、ケナンよりもはるかに攻撃的でアメリカ中心的（US-centric）な新しい世界戦略を考案し、実行した。これがNSC68と呼ばれた戦略案である（一九五〇年四月に作成）。NSC68は、アメリカの軍事予算を数年間で四倍に増やすことを提唱した、極めてアグレッシヴなグランド・ストラテジーであった。

単純な覇権主義と武断主義を嫌ったケナン前政策立案局長は、アメリカはまずソ連を封じ込めて、その「封じ込められたソ連」に対して辛抱強いバランス・オブ・パワー外交を実施していけば良い、と主張した。しかしニッツ新局長とアチソン長官は、「封じ込められたソ連」に対して激しい外交攻勢と軍事的圧力をかけ続けて、ソ連圏をなるべく早く崩壊させ、「国際社会を、アメリカを中心として回転する一極覇権構造の世界に作り変えよう」と考えていた。

トルーマンの後任であるアイゼンハワー大統領の外交思想はケナンに近く、アイゼンハワーの国務長官となったダレスの考えはニッツやアチソンに近かった。「反共主義」というイデオロギーを振りかざしていたダレス、アチソン、ニッツの三人は、本音レベルでは、「アメリカだけが世界を支配する、一極覇権を確立したい」と望んでいたのである。（一九五〇年代中頃、鳩山一郎政権の重光葵《まもる》外相が、「日本は自主防衛するから、米軍は六年後に日本から撤退して欲しい」とダレスに述べたところ、ダレスは憮然として「お前たち日本人に、そんなことはさせない！」と一蹴したという。日本がまだ非常に貧しかった時、「自主防衛するから、米軍は出ていってほしい」と要求した重光の知性と度胸は、立派なものである。過去半世紀間の日本の政界と官界には、重光のような人物はいなくなった。）

冷戦外交史の専門家として著名なジョン・ギャディス（イェール大学）は、「第二次大戦後、アメリカは国際社会を支配することを意図していた。ソ連が挑戦者として出現するまで、アメリカは自国に対抗できる勢力が現れるとは思っていなかった」（Strategies of Containment）と述べている。当時のアメリカは、一極体制が創れると信じていたのである。しかし一九四七年に米ソ陣営の対立が顕在化したため、米政府は、二極構造の存在を認めるグランド・ストラテジーを一九八九年まで維持せざるを得なかった。

■一九九〇年「日本封じ込め」

一九八九年末にベルリンの壁が崩れて東西陣営の対立が終わると、米政府は即座に、「世界を一極構造にして、アメリカだけが世界を支配する。他の諸国が独立したリーダーシップを発揮したり、独自の勢力圏を作ろうとすることを許さない」というグランド・ストラテジーを作成した。ブッシュ（父）政権のホワイトハウス国家安全保障会議が、「冷戦後の日本を、国際政治におけるアメリカの潜在的な敵性国と定義し、今後、日本に対して封じ込め政策を実施する」という反日的な同盟政策を決定したのも、一九九〇年のことであった。
（筆者は当時、「ブッシュ政権は日本を潜在的な敵性国と定義して、『対日封じ込め戦略』を採用した」という情報を、国務省と国防総省のアジア政策担当官、連邦議会の外交政策スタッフから聞いていた。ペンタゴン付属の教育機関であるナショナル・ウォー・カレッジ〈国立戦争大学〉のポール・ゴドウィン副学長も、「アメリカ政府は、日本を封じ込める政策を採用している」と筆者に教えてくれた。）

ブッシュ（父）政権が、レーガン政権時代に国防総省からの強引な要求によって決定された自衛隊の次世代戦闘機の日米共同開発合意を一方的に破棄・改定したり、日本に対して国際通商法（GATTルール）違反のスーパー三〇一条項を適用して、米製品を強制的に購入させる「強制貿易」政策を押し付けてきたりしたのも、「アメリカが支配する一極構造の世界を作るためには、〝潜在的な敵性国〟である日本を封じ込めておく必要がある」という戦略観に基づいたものであった。

当時のアメリカ外交に関して優秀な国際政治学者（リアリスト派）であるケネス・ウォルツ教授（カリフォルニア大学バークレー校とコロンビア大学）は、「ソ連が没落してアメリカに対抗できる国が世界に存在しなくなったため、米政府は傲慢で自己中心的な外交政策を実行するようになった……カントやニーバーが指摘したように、国内政治であれ国際政治であれ、一旦、絶対的な権力（覇権）を握ると、どこの国も不正で腐敗した統治行為を行うようになる。アメリカが一極構造を作って世界中の国を支配しようとすれば、そこに権力の濫用と権力の腐敗現象が発生するのは当然のことだ」（Realism and International Politics）と述べている。

公式の席では日本に対して、「日米同盟は、価値観を共有する世界で最も重要な二国間同盟だ」とリップ・サービスしておきながら、実際には日本を〝潜在的な敵性国〟とみなして強制的な貿易政策を押し付けてきた一九九〇年代のアメリカ――ブッシュ（父）政権とクリントン政権――のやり方は、ウォルツが指摘したように「権力の濫用と腐敗」を体現したものであった。

■リークされた一極化戦略

アメリカの「世界一極化」グランド・ストラテジーがホワイトハウスと国防総省の内部で真剣に討議されたのは、一九九〇年と九一年のことであった。この「世界一極化」グランド・ストラテジーを構想する際、米政府は、アメリカの重要な同盟諸国と何の協議も行わなかった。この新しい戦略案は同盟国のアメリカに対する信頼感を裏切る内容となっていたため、米政府は同盟諸国に、一極覇権戦略の内容を知られたくなかったのである。

「世界一極化」戦略の内容が最も具体的に描写されたのは、一九九二年二月十八日に作成された「一九九四～九九年のための国防プラン・ガイダンス」(DPG：Defense Planning Guidance for the Fiscal Years 1994～1999)というペンタゴンの機密文書においてであった。チェイニー国防長官(当時)とウォルフォウィッツ国防次官(同)は、この機密文書の戦略構想に承認を与えていた。DPGの内容を知ることを許されていたのは、統合参謀会議のメンバーと陸海空海兵隊・四軍の最高幹部だけであった。

ところがこのDPGが作成された三週間後、何者かによってこの機密文書の内容がニューヨーク・タイムズ紙とワシントン・ポスト紙にリークされてしまった。この文書をリークした人物は、「この戦略案は非常に重要なものである。したがってアメリカ国民はその内容を知るべきである」と判断して、リークしたという。一九九二年二月のDPGの中で最も重要なものは、以下の七項目であった。

① ソ連崩壊後の国際社会において、アメリカに対抗できる能力を持つ大国が出現することを許さない。西欧、東欧、中近東、旧ソ連圏、東アジア、南西アジアの諸地域において、アメリカ以外の国がこれらの地域の覇権を握る事態を阻止する。

② アメリカだけがグローバル・パワーとしての地位を維持し、優越した軍事力を独占する。アメリカだけが新しい国際秩序を形成し、維持する。そして、この新しい国際秩序のもとで、

他の諸国がそれぞれの〝正当な利益〟を追求することを許容する。どのような利益が他の諸国にとって〝正当な利益〟であるか、ということを定義する権限を持つのは、アメリカのみである。

③　他の先進産業諸国がアメリカに挑戦したり、地域的なリーダーシップを執ろうとしたりする事態を防ぐため、アメリカは他の諸国の利益に対して〝必要な配慮〟をする。アメリカが、国際秩序にとって〝害〟とみなされる事態を修正する責任を引き受ける。何が国際秩序にとって〝害〟とみなされる事態であるか、ということを決めるのはアメリカ政府のみであり、〝そのような事態を、いつ選択的に修正するか〟ということを決めるのも、アメリカ政府のみである。

④　アメリカに対抗しようとする潜在的な競争国が、グローバルな役割、もしくは地域的な役割を果たすことを阻止するための（軍事的・経済的・外交的な）メカニズムを構築し、維持していく。

⑤　ロシアならびに旧ソ連邦諸国の武装解除を進める。これら諸国の国防産業を民生用に転換させる。ロシアの所有する核兵器を、急速に減少させる。ロシアの先端軍事技術が他国に譲渡されることを許さない。ロシアが、東欧地域において覇権的な地位を回復することを阻止する。

⑥　ヨーロッパ安全保障の基盤をNATOとする。NATOは、ヨーロッパ地域におけるアメリカの影響力と支配力を維持するためのメカニズムである。ヨーロッパ諸国が、ヨーロッパだけで独自の安全保障システムを構築することを許さない。

⑦　アメリカのアジア同盟国——特に日本——がより大きな地域的役割を担うことは、潜在的にこの地域を不安定化させる。したがってアメリカは、太平洋沿岸地域において優越した軍事力を維持する。アメリカは、この地域に覇権国が出現することを許さない。

——以上が、DPGの内容の要点である。

この機密文書の中でアメリカの潜在的な競争国（もしくは敵性国）として描かれていたのは、ロシア、中国、日本、ドイツ、の四国であった。前年に軍事帝国が崩壊したばかりのロシアと二年半前に天安門虐殺事件を起こした中国が、アメリカの「潜在的な競争国・敵性国」と定義されていたことは納得できるが、すでにほぼ半世紀間も「アメリカの忠実な同盟国」としての役割を果たしていた日本とドイツが、米政府の機密文書において冷戦後のアメリカの潜在的な敵性国と描写されていたことは、「外交的なショック」（ワシントン・ポスト紙の表現）であった。

当時、連邦上院外交委員会の議長を務めていたジョー・バイデン議員（オバマ政権の副大統領）は、「ＤＰＧの内容は、我々にとって〝最も親密な同盟国〟ということになっている日本とドイツの横っ面を張り倒すようなものだ。米政府は、日本とドイツが国際政治においてより大きな役割を果たすことを阻止するため、アメリカが巨大な軍事力を維持する必要があるという。日本とドイツをこのように侮辱し、敵対視することが、本当にアメリカ外交の利益となるのだろうか」とコメントしていた。

■ジョセフ・ナイ「ソフト・パワー」の真実

しかし、バイデン上院議員の〝我々の同盟国を、敵国扱いするな〟という（ごく当たり前の）批判にもかかわらず、一九九二年のＤＰＧの内容には、ホワイトハウス、国務省、財務省、ＣＩＡの幹部も賛成していた。この覇権構想には、共和党のタカ派や国防産業だけでなく、民主党の外交政策エスタブリッシュメント層も賛成していた。

民主党クリントン政権で国防次官補を務めた国際政治学者のジョセフ・ナイは、ＤＰＧが主張した一極覇権戦略の熱心な支持者であった。〝ソフト・パワーの活用を提唱する、リベラルでチャーミングな知性派〟として知られるタレント学者・ナイは、当時、政府内の外交政策に関する会議で、「日本を今後も自主防衛能力を持てない状態に留めておくために、アメリカは日米同盟を維持する必要がある。日本がアメリカに依存し続ける仕組みを作れば、我々はそのことを利用して、日本を脅しつけてアメリカにとって有利な軍事的・経済的要求を呑ませることができる」という対日政策を提唱していた。（筆者は、ナイがそのように主張していたということを、国務省官僚から聞いた。ジョセフ・ナイや、彼の上司であったペリー国防長官は、「親日派の仮面をかぶる侮日派」である。日本の外務官僚や言論人が「親日派だ」と思い込んでいるアメリカ人には、「本音レベルでは侮日派」という人物が少なくない。）

ナイはアメリカの一極覇権構想を賛美し、「大英帝国の最盛期よりももっと強力な勢力を誇っているのが、現在のアメリカだ。ローマ帝国が終焉して以来、アメリカほど他国に対して優越したパワーを持つ国は存在しない。アメリカは軍事力において他国を寄せ付けないだけではない。文化的な影響力においても、アメリカにかなう国など世界に存在しない。アメリカの映画、テレビ番組、ポップ・カルチャーの影響力は世界一だ。世界中の人々がCNNを見ている」（Economist, 2002）と、アメリカ帝国の〝栄華と強盛〟や〝知的・文化的な影響力〟をナルシシスティックな態度で絶賛して、マスコミの寵児となっていた。

（しかし当時、ハーバード大学でナイの同僚であった国際政治学者のサミュエル・ハンティントンは、ナイの軽率なお喋りを嫌っていた。真剣な思想家であるハンティントンは、「アメリカのソフト・パワー効果で、冷戦後の世界諸国を我々の思い通りに動かすことができる」などと、マスコミ受けする皮相な理屈をペラペラと喋りまくっていたタレント学者・ナイの軽薄さが、耐えられなかったのである。）

ハーバードの国際政治学者であるスティーブン・ウォルトも、冷戦後のアメリカの一極覇権戦略を、「国際社会においてアメリカの圧倒的に優越した権力を、今後もより一層、強化していくための意図的な戦略プランである」と解説している。

「アメリカはソ連帝国が崩壊した一九九一年以降も、〝冷戦の勝利〟に満足してリラックスしようとしなかった。『アメリカの圧倒的に優勢な国力をますます増強し、アメリカの利益にとって都合の良い方向へ国際社会を作り変えていくこと』が、基本的な国策であった。ソ連軍事力の崩壊にもかかわらず、アメリカがその巨大な軍事力を減らそうとしなかったのは、そのためである。アメリカと他の諸国の軍事力格差をますます拡げて、他国を圧倒していこうとする覇権戦略だ。アメリカが他の諸国の核兵器所有を厳しく制限し、その一方で、アメリカ自身の巨大な核戦力をそのまま維持してきたのは、そのためである」（Taming American Power）

ウォルトはナイよりも思慮深い学者であり、当時（一九九〇年代）から、一極覇権戦略を実行しようとするアメリカが「いずれ他国の反撥をまねき、世界支配政策に失敗するのではないか」と憂慮していた。

（民主党リベラル派のナイは、二〇〇三年春のブッシュ〔息子〕政権のイラク侵略戦争を熱心に支持する立場をとったが、保守的なリアリストであるウォルト、ハンティントン、ウォルツ等は、イラク戦争に真っ向から反対していた。二〇〇二年から〇四年春にかけて、ナイのように米マスコミで派手に活躍するリベラル派のタレント学者は、「好戦ムード」に沸く世論とイスラエル・ロビーに迎合していたが、保守派のリアリスト学者たちは、戦争を支持する世論に背を向けて「不戦の必要性」を説いていた。）

■同盟国は「家来と属国」

ズビグニュー・ブレジンスキー（民主党カーター大統領の安全保障政策補佐官）も、一九九〇年代のアメリカの一極覇権戦略を支持していた。国際関係の〝赤裸々な真実〟をそのまま露骨に表現する癖がある正直なブレジンスキーは、当時、アメリカの同盟諸国のことを、「アメリカの家来と属国（vassals and tributaries）にすぎない」と描写していた。ブレジンスキーは、「アメリカ政府は、アメリカの〝家来と属国〟を軍事的にアメリカに依存せざるを得ない状態に置いておかなければならない。我々は、同盟諸国をアメリカに依存させることによって、これら諸国がアメリカの命令に従わざるをえない仕組みを維持するのだ」（Grand Chessboard）と主張していた。

同盟国に対して、「アメリカが保護してやるから、お前達が自主防衛能力を持つ必要はない」と言って、同盟諸国の自主防衛政策を阻止し、これら諸国を半永久的にアメリカの〝家来と属国〟の地位に留めておこうとするのが、アメリカの同盟政策のエッセンス（正体）なのである。著名な国際政治学者であるグレン・スナイダーは、第二次大戦後に米政府が運用してきた同盟システムを「エントラップメント・アライアンス」（罠にはめる同盟関係）と表現している。超大国アメリカに「保護してもらっている」と喜んでいる同盟諸国が、「気がついてみたら、独立主権国として行動するために必要な外交能力と国防能力を剝奪されていた」という状態にエントラップしておこうとする同盟国操縦システムなのである。（一九五〇年代の後半期、フランスのドゴールとドイツのアデナウアーがアメリカとの同盟関係を嫌うようになったのは、このエントラップメント政策のためである。）

米政府は公式の場では、アメリカの運営する同盟関係を「国際的な公共財」と呼んできた。「すべての国が利益を共有できる、国際的な共通財産」というわけである。しかし本音レベルでアメリカが意図してきたことは、「国際公共財の提供」という名目のもとにアメリカに依存せざるを得ない多数の〝家来と属国〟を創り出して、これら諸国の軍事政策・外交政策・経済政策を米政府がコントロールすることであった。アメリカの提供する「国際公共財」が、アメリカによる世界支配の道具となってきたのである。

（言うまでもないことであるが、日米安保体制という「国際公共財」によって「保護」されてきた日本は、自国の憲法・歴史解釈・外交政策・国防政策・通商政策・金融政策・通貨政策を、米政府によってコントロールされてきた。日本の政治家、官僚、言論人のほとんどは、このような状態を「独立国のあり方として、異常である」と判断する思考力すら失っている。

敗戦後の日本で、真の独立を回復しようとして努力した首相はたった三人だけ——鳩山一郎、石橋湛山、岸信介——であった。国民の前では「独立心の強い、毅然としたナショナリスト」というお芝居を演じてみせた吉田茂、中曾根康弘、小泉純一郎は、実際には米政府の傀儡政治家にすぎなかった。)

優秀なリアリスト派の国際政治学者——ケナン、ウォルツ、ハンティントン、ミアシャイマー、ギルピン(プリンストン大)、レイン(テキサスA&M大)等——は、冷戦後、一極覇権システムを作って世界中の国を支配しようとしたアメリカのグランド・ストラテジーに対して、強い疑問を表明してきた。長期的に見ると、これら多数の「国際公共財と称する同盟国支配システム」を運営していくことにかかる軍事コスト・外交コスト・経済コストは、膨大なものになるからである。

アメリカは一九八〇年代に世界最大の債務国となり、連年、巨額の財政赤字と経常赤字を垂れ流す経済運営を続けてきた。しかも二〇一一年以降は、大量のベビーブーム世代が引退し始める。二〇一一年から三〇年にかけてアメリカの引退者人口は二倍になるが、勤労者人口は一八%しか増えない。米経済の過少貯蓄・過剰債務構造は、今後ますます悪化していく。ギルピン、マンデルバウム（ジョンズ・ホプキンス大）、スティグリッツ（コロンビア大）等が指摘してきたように、アメリカは、一極覇権戦略を維持するために必要な巨大な経費を支払い続ける財政能力を持たないのである。（それにもかかわらず米政府は、一極覇権戦略をギブ・アップしたがらない！）

■クリントンもブッシュも同じ

日本人とヨーロッパ人の多くは（米マスコミの報道に影響されて）、アメリカだけが独占的に世界を支配しようとする一極覇権戦略は、共和党のタカ派――特にネオコン（ネオ・コンサーバティブの略称）と呼ばれる好戦的な親イスラエル・グループ――のグランド・ストラテジーであり、「米民主党の政治家と言論人には良識があり、リベラルで国際協調的だ」というイメージを持っている。このようなイメージはアメリカの大手マスコミ機関が、一九七〇年代から現在まで約四十年かけて作り出した政治的なイメージである。（米マスコミ人の約九割と政治学者の約八割は、民主党支持者である。彼らは、「共和党の外交政策は粗暴、利己的、一方的であるが、民主党の外交政策は良心的で国際協調的だ」という言論パターンを繰り返している。）

しかしアメリカが一九九〇年代の初期に作成した一極覇権戦略は、民主・共和両党の外交政策エスタブリッシュメントが共同で構想し、実践してきたグランド・ストラテジーである。この戦略は、「一部の血迷った共和党タカ派とアメリカの軍産複合体が独走して作りだした世界支配の野望」ではない。一九八〇年代の国際政治学の学説的な発展に最も大きな貢献をしたケネス・ウォルツは、民主党クリントン政権が共和党ブッシュ（父）政権が作成した一極覇権戦略をそのまま実施してきたことを指摘して、次のように述べている。

「アメリカは東西冷戦が終了したのに、未だに世界中に多くの軍事基地を維持して、外国から撤退しようとしない。一九九二年に（共和党政権によって）作成されたDPG『一九九四〜九九年のための国防プラン・ガイダンス』を、次の（民主党）政権も実行してきた。DPGの重要項目——アメリカは、他の先進産業諸国がグローバルな、もしくは地域的なリーダーシップをとろうとすることを阻止する——という政策を、アメリカ政府は継続してきた」（Globalization and American Power）

一九九二年のDPG作成に当時の国防次官として直接関わったポール・ウォルフォウィッツ元国防副長官も、クリントン政権の最終年（二〇〇〇年）に、「一九九二年に私のオフィスで作成したDPGは、マスコミにリークされて大きな論争を惹き起こしてしまった。しかしあれから七年たった今では、あの当時、DPGを批判する側にまわった者でさえ、〝アメリカによる世界平定〟というアイディアを受け入れているではないか」（National Interest, Spring 2000）と発言している。

ウォルフォウィッツの指摘するとおり、一九九二年のDPGをマスコミで批判するフリをしてみせた民主党の政治家たちは、クリントン政権——そしてオバマ政権——になると、DPGを実現するための政策を実行してきた。米外交史の専門家であるメルヴィン・レフラーは、民主党のクリントン政権がきわめて覇権主義的な外交政策を実行していたことを指摘し、「クリントン政権の外交政策は、他の諸国に対するアメリカの軍事的な優越性をより一層強化することを目指していた。アメリカのリベラル派は公の場で認めたがらないことだが、民主党政権も『すべての軍事紛争において、圧倒的に優越した威力を行使できる米軍事力』を構築しようとしていた。しかもクリントン政権はアメリカが一方的な先制攻撃を実行する軍事プランまで、彼らの世界戦略に入れていた。アメリカによる一方的な先制攻撃プランは、次のブッシュ（息子）政権が考えついた新しい政策ではない」（Foreign Policy, ２００４年9月）と解説している。

シンクタンク、ニュー・アメリカ・ファウンデーションの外交アナリスト、マイケル・リンドも、「冷戦後の民主・共和両党のグランド・ストラテジーは、本質的には同じものであった」と主張し、以下のように解説している。

「ブッシュ（父）・クリントン・ブッシュ（息子）の三政権に共通していた外交戦略とは、〝冷戦後の国際社会において、アメリカが半永久的に世界覇権を握る〟という戦略プランだ。この戦略を成功させるために最も大切なことは、（1）ロシアと中国が、アメリカに対抗できる能力を持つライバルとなることを阻止する、(2)第二次大戦の敗者である日本とドイツが、冷戦終了後も自主防衛能力を持つことを阻止する、ということだ。〝日本とドイツを継続的に封じ込めておくこと〟は、アメリカがグローバル・ヘゲモニー(世界覇権)を維持するために不可欠の政策なのだ。

勿論、共和党と民主党のグランド・ストラテジーには、違いもある。しかしその違いとは、表面的な外交スタイルの違い、そして使用するレトリックの違いにすぎない。民主党は国際組織や多国籍機関を重視する外交ポーズを採って、アメリカの覇権主義の実態をカバー・アップ(隠蔽)しようとする傾向がある。共和党の保守派はもっと率直で、国際組織や多国籍機関を無視して一方的に覇権を行使しようとする。しかしこのような違いは所詮、表面的な外交スタイルの違いにすぎない。民主・共和両党の根本的なグランド・ストラテジーは同じものだ。両党のエリート層は、〝世界を一極化することによって、アメリカの国益を増大させていく〟という点で合意している」(American Way of Strategy)

(マイケル・リンド自身は一九九〇年代から、このような野心的なグランド・ストラテジーが成功するとは思っていなかった。中国の経済的・軍事的な台頭は不可避であり、東アジア地域において中朝露三ヵ国の核ミサイルに包囲された日本を、何時までも自主防衛能力を持てない不利で危険な立場に置いておこうとする米政府の対日政策は、「いずれ、日本国民の反撥を招くことになるだろう」と考えていたからである。保守的なリアリストであるリンドは、二〇〇三年のイラク侵略戦争にも真正面から反対していた。)

■民主党はハト派ではない

学者軍人であるボストン大学のアンドリュー・ベーセビッチは、著書『アメリカの帝国』において、ブッシュ(父)・クリントン・ブッシュ(息子)三政権が共通した一極覇権政策を実行してきたことを、豊富な実例を挙げて証明している。ベーセビッチは、「冷戦終了後の民主・共和両党は、〝アメリカの帝国的支配領域を、より一層拡大していく〟という明確なグランド・ストラテジーを実践してきた」と述べている。

ベーセビッチによれば、クリントン政権の主導した〝グローバリゼーション戦略〟とは、「世界中にアメリカの軍事覇権を確立し、それと同時に、アメリカの金融業者とビジネスマンにとって都合の良い経済秩序を世界諸国に採用させること」であった。ベーセビッチは〝民主党はハト派だ〟という米マスコミの報道パターンに関して、「そんなものは、まったく根拠がない主張だ」と断言し、次のように述べている。

「マスコミの前ではブッシュ(息子)政権と対立するフリをしてみせた民主党の重要議員たち――例えばヒラリー・クリントン上院議員やリーバーマン上院議員等――は、連邦議会でブッシュのイラク侵略戦争に賛成する投票をした。民主党主流派の政治家は、ハト派ではない。クリントン政権時代、国際紛争でやたらに軍事力を使いたがったのはペンタゴンの制服組ではなく、マドレーヌ・オルブライト国務長官だった。

二〇〇四年の大統領選で民主党の大統領候補となったジョン・ケリー上院議員は、イラク侵略・占領プランを支持していた。彼のブッシュ批判とは、『ブッシュ政権のイラク戦争は、戦術的に間違っていた。イラク占領に対する準備が不足していた』というものだ。アメリカが中東地域であのような戦争をすること自体に関して、彼は賛成していた。もしケリーが大統領選に勝っていたら、彼はアメリカの軍事力をさらに増強し、陸軍と海兵隊の兵員数を増やして、アメリカの軍事的覇権をより一層強化しようとしただろう」(New American Militarism)

ベーセビッチは二〇一〇年、「オバマ政権の外交戦略も、本質的にはクリントン政権と同じものだ」と指摘している。

一九八〇年代までは民主党の熱心な支持者であったが、一九九〇年代以降、民主党の利己的な覇権主義に失望するようになった学者や評論家は少なくない。例えばカーター政権で国務次官補を務め、長期間、カーネギー財団が発行する外交専門誌『フォーリン・ポリシー』の編集長であったビル・メインズは、クリントン政権の後半期、次のように筆者に語った。

「最近の民主党外交のやり方に、僕はもうついていけない。あまりにも傲慢であり、覇権主義的だ。民主党の外交政策とは本来、こういうものではなかった筈だ。他の諸国を押さえ付けて、アメリカだけが利益を得ようとするクリントン政権のやり方は、世界中で嫌われている。最近のワシントンは、同盟諸国と相談しようとしない。同盟国と相談せずに、〝アメリカが決めた政策を一方的に通告する〟のが、アメリカ外交のスタイルとなってしまった。

今のところ、圧倒的な軍事力を持つアメリカが『世界唯一のスーパー・パワー』としての地位を保っているから、他の諸国がアメリカに対して真正面から反撃してくることはないだろう。しかしアメリカが現在のように利己的で高圧的な外交政策を続けるならば、そのうち必ず、アメリカに対抗しようとする強国――もしくは、〝反米諸国連合〟のようなもの――が出てくるだろう。僕は、『アメリカだけが、世界覇権を独占的に行使する』という外交戦略など、長続きしないと思う」

民主党の支持者であるジョンズ・ホプキンス大学の国際政治学者、ディビッド・カレオも、民主・共和両党の覇権主義は本質的に同じものであると指摘し、「アメリカのリベラル派は、国内政治においては穏健で法治主義的な政策を主張することが多い。しかし国際政治に対する彼らの態度は、ホッブズ的だ。彼らはアメリカの覇権を使って、世界を制圧することを試みている」（Follies of Power）と述べている。（ホッブズ的とは、強権的、闘争的、非情、という意味。）

マスコミの前では国際協調主義や人権外交を提唱してみせる〝ハト派的〟な米民主党も、本質的には「ホッブズ的」なのである。ブッシュ（息子）政権の「武断主義外交」を批判して大統領選に勝利したオバマは、アフガニスタン・パキスタンにおける戦争を拡大し、イスラム教諸国に対する米無人爆撃機による空爆の頻度を八倍に増やした。オバマは「核廃絶の理想」を提唱してノーベル平和賞を受賞したが、その一方で彼は、アメリカの次世代核弾頭開発予算を、三年間連続して前共和党政権よりも増額している。

■本音はつねに隠される

以上の説明により、共和・民主両党が、〝世界を一極構造にして、アメリカだけが世界覇権を握る〟という野心的なグランド・ストラテジーを実行してきたことが御理解いただけたと思う。しかし読者のなかには、「米政府が一極覇権戦略を採用してきたことは理解できるが、何故、日本のマスコミは、そのことの実態をもっと明瞭に報道してこなかったのか？」という疑問を感じる方もおられるであろう。読者がそのような疑問を抱かれるのは、自然なことである。

日本のメディアや外交関係者が、アメリカの一極覇権主義のグランド・ストラテジーを明確に指摘し、解説してこなかった理由は、このグランド・ストラテジーを考案したアメリカの外交政策エスタブリッシュメント自身の秘密主義にある。アメリカの外交政策担当者の大部分は、冷戦後の米政府が「一極覇権の実現」を目指してきたことを国民に隠してきたのである。

勿論、アメリカは、「言論の自由の国」であり、「オープンな態度で、何でも率直に議論できる国」という建て前になっている。しかし、〝建て前と現実の間にギャップがある〟というのはどこの国でも頻繁に起きる現象であり、アメリカにおける外交議論にも、「言って良いこと」と「言ってはいけないこと」に関する暗黙の了解が、外交政策エスタブリッシュメント内部に存在している。

〝世界を一極構造に作り変えて、アメリカだけが世界を支配する〟という冷戦後のグランド・ストラテジーの実態をそのまま率直に語るのは、アメリカの外交政策エスタブリッシュメントにおいて、「マナーが悪い」もしくは「あまりにもナイーヴな（子供っぽい）振る舞い」と看做されている。本音レベルでは、「アメリカが世界中の国を押さえ付けておき、世界諸国をアメリカの利益になるように利用したい」と思っている時も、それをパブリックな場で表現する時には、「同盟国や友好国との協力を促進し、戦略的な互恵関係を築いていく」とか、「他国がより適切な経済運営ができるように、米政府と米金融機関が協力していく」とか、「他国の安全保障と地域的な安定を確保するために、アメリカの軍事力を国際公共財として提供する」といった表現を使う。

利己的（覇権主義的）な動機に基づいたアメリカの行動を、常に利他的・理想主義的なレトリックで飾り立てて米政府の真意（本音）をカバー・アップしていくのが、アメリカの外交政策エスタブリッシュメントの「洗練された外交レトリック」なのである。このようなやり方をシカゴ大学の国際政治学者、ジョン・ミアシャイマーは、「アメリカの指導者層は、国民向けの議論と自分たち内部での議論を使い分けてきた。彼らはアメリカ外交を一般国民に説明する時、理想主義と道徳のレトリックを使う。しかし政府内部で外交政策を決める時、彼らはパワー・ポリティクス（覇権政治）と国益計算によって政策を決定してきた……アメリカ政府の〝言うこととやることは別だ〟というのは、明白ではないか」（Tragedy of Great Power Politics）と説明している。

ちなみにアメリカの対日政策の本音は、「敗戦国日本が真の独立国となることを阻止する。日本人から自主防衛能力を剝奪しておき、日本の外交政策・国防政策・経済政策をアメリカの国益にとって都合の良い方向へ操作していく」というものであるが、これを公式の場で表現する時は、「価値観を共有する日米両国の戦略的な互恵関係をより一層深化させて、国際公共財としての日米同盟を、地域の安定と世界平和のために活用していく」となる（苦笑）。

このような外交レトリックの使用に関して、ニュー・アメリカ・ファウンデーションのマイケル・リンドは、次のように解説している。

「アメリカが世界覇権を握ろうとするグランド・ストラテジーは、その真意を率直に表現してはいけないことになっている。

アメリカは、ロシアと中国がアメリカにチャレンジできない状態にとどめておきたい。日本の自主防衛を阻止したい。ＥＵ（ヨーロッパ連合）が独自の外交政策を実行できない仕組みを維持したい。しかし、これらの本音をそのまま言うことはタブーになっている。だから他の諸国にとってもっと受け入れ易い、耳触りのいい外交表現を使ってアメリカのグランド・ストラテジーの実態を隠しておくのだ」（American Way of Strategy）

『巨人国の薦め』（The Case for Goliath）という著作において冷戦後のアメリカの一極覇権戦略を礼賛した国際政治学者、マイケル・マンデルバウム（ジョンズ・ホプキンス大）は、普通のアメリカ国民が、「アメリカだけが世界覇権を握り続けて、世界諸国を支配する」という民主・共和両党の外交政策エリートが作成したグランド・ストラテジーに賛成しない可能性を認めている。そのため彼は、「アメリカの世界覇権が実際に果たしている役割に関しては、アメリカ国民にその実態をあまり理解させない方が良い」とアドバイスしている。ＭＩＴの軍事学者、バリー・ポーゼンも、「〝国際社会を一極構造にして、アメリカが世界覇権を握る〟というグランド・ストラテジーは、一九九〇年代に民主・共和両党の安全保障政策エリート・グループが決めた戦略だ。しかし普通のアメリカ国民はこの戦略の内容に関して、きちんとした説明を受けていない」（Command of the Commons）と認めている。

マンデルバウムやポーゼンと異なり、一九九〇年代から一極覇権のグランド・ストラテジーに批判的な立場を明確にしてきたサミュエル・ハンティントンは、「一般のアメリカ国民がこの一方的な世界戦略について知らされたら、彼らはこの戦略を実行するのにかかるコストとリスクに対して反撥するだろう。アメリカ国民は、〝アメリカが世界覇権を掌握すべきだ〟などと考えていないからだ」（Lonely Superpower）と述べている。アメリカの外交政策エスタブリッシュメントがパブリックな場で一極覇権戦略の本音を語ろうとしないのには、十分な理由があるのである。

ニアル・ファーガソン（イギリス人、ハーバード大の外交史学者）は、「建国以来、アメリカは、〝我々は帝国主義に反対する！〟と言明しながら、実際には帝国主義を実行してきた。アメリカ政府は不正直だから、〝アメリカが世界覇権を握る〟という現在の国家戦略に関しても、国民に正直に説明して彼らの同意を得ることができないのだ」と解説している。ファーガソンは、「米国民の同意を得ることなくして始めた帝国主義的な戦略は、長続きしないだろう」（Colossus）と予告している。

第3章　米国の「新外交理論」を論破する

■皮相な新理論

以上に述べたように米政府と外交政策エスタブリッシュメントは、一極覇権戦略の真の意図と目的を、国民に対して正直に説明してこなかった。しかし冷戦後のアメリカが、世界の百三十数ヵ国に七百以上の軍事基地を運営して世界覇権を握り続ける、という巨大な費用のかかるグランド・ストラテジーを実行するためには、何らかの「新しい外交理論」の知的装飾が必要であった。

そこでネオリベラル（新自由主義者、民主党系）とネオコン（新保守主義者、共和党系）と呼ばれる政策グループが考えだしたのが、以下四種類の、表面的な説得力を持つ「新しい外交理論」であった——①デモクラティック・ピース・セオリー、②デモクラシー・ユニバーサリズム、③主権制限論、④ヘジェモニック・スタビリティ・セオリー。

スコウクロフト、キッシンジャー、ウォルツ、ハンティントン、ホフマン（ハーバード大）、ミアシャイマー、オドム中将（元国家安全保障局長官、イェール大教授）等、アメリカで最も優秀なリアリスト派の戦略家たちは、これらの「新しい外交理論」に賛成しなかった。いずれも過去五世紀の国際政治史の教訓を無視した、独りよがりの皮相な「新理論」だからである。しかしアメリカの政界、マスコミ、シンクタンク、外交政策ロビーはこれらの「新理論」を熱心に宣伝し、プロモートしてきた。「新理論」を批判したリアリスト派の意見は、政界とマスコミにおいてほとんど無視されてきた。（日本と同様、アメリカでも、本当に賢い人たちの分析は政治家とマスコミ人に無視されることが多い。）

以下に、これら四つの「新しい外交理論」の内容を説明したい。

■イラク侵攻は「ピース」なのか

①デモクラティック・ピース・セオリー

デモクラティック・ピース・セオリー──「民主主義諸国は、お互いに戦争しない」、そして「民主主義国の外交政策は、平和愛好的である」という理論──は、一九八〇年代の後半期から、米民主党系の国際政治学者の間で流行りだした理論である。コロンビア大学の国際政治学者、リチャード・ベッツは、「デモクラティック・ピース・セオリーは、冷戦後のアメリカの外交政策エリートにとって最も影響力のある理論だ」と述べている。

このデモクラティック・ピース・セオリーを主張する人々は、第二次大戦後、すべての西欧諸国が民主主義国になってから、過去五世紀間、頻繁に戦争を繰り返してきた西欧諸国が突然、戦争しなくなったことを、彼らの主張の「理論的な根拠」とすることが多い。たしかに二十世紀の後半期における戦争の統計だけを見れば、「民主主義諸国は、お互いに戦争しない。ほとんどの戦争は、民主主義国と非民主主義国との戦争、もしくは非民主主義国同士の戦争である」というパターンが見られる。このデモクラティック・ピース・セオリーは、第二次大戦後の西欧地域においては「正しい理論」といえるだろう。

しかし、最近二十年間に「民主化」したバルカン半島諸国とコーカサス地域諸国がすでに数多くの軍事紛争を起こしているという事実、そして外交政策において「我々は民主主義の価値観をプロモートしている」と宣伝する米政府が、国際法違反のイラク侵略を決行し、複数のイスラム教諸国に対する一方的な空爆と民間人殺害を繰り返しているという事実、さらに、過去六十余年の中東において頻繁に国際法違反の侵略戦争と近隣民族の虐殺行為を繰り返してきたのは、「我々は中東唯一の民主主義国である!」と常に自慢してきたイスラエルであるという事実、等々を観察するならば、「民主主義国の外交＝平和をもたらす外交」なのかどうか、疑問も多いのである。

米政府は冷戦後の国際政治において、デモクラティック・ピース・セオリーを自国の軍事行動を正当化する「理論的な根拠」として使用してきた。アメリカの〝世界を一極構造にする。アメリカが圧倒的に優越した軍事力を独占して、世界覇権を握る〟という戦略も、「アメリカは〝世界を平和にする民主主義〟という正しい価値観をプロモートしている。そのためには軍事力を行使することも必要なのだ」という理由で正当化されることが多かった。

クリントン政権のオルブライト国務長官とブッシュ（息子）政権のライス国務長官は、デモクラティック・ピース・セオリーを頻繁に援用して、アメリカの一方的な軍事行動に「理論的な根拠」と「道徳的な正当性」を与えてきた。ブッシュ（息子）大統領は二〇〇三年、「イラクが、数多くの国連決議に違反して大量破壊兵器を製造しているという明白な証拠をアメリカは所持している」と自信たっぷりに断言して、イラク侵略戦争を断行した。しかしイラク占領後、イラク政府が大量破壊兵器を何ら製造・所有していなかったことが明らかになると、ブッシュは即座にデモクラティック・ピース・セオリーを持ち出し、「自由で民主的なイラクは、アメリカの安全を脅かすことはない。そのようなイラクは中東地域を不安定化させず、むしろ他の中東諸国の模範となるであろう」とスピーチで述べて、国際法違反のイラク侵略をあっさり「理論的に正当化」してしまった（苦笑）。

このようなアメリカの外交行動に関してタフツ大学の国際政治学者、トニー・スミスは、「ネオリベラル（民主党）とネオコン（共和党）は〝米ソ冷戦の勝利〟に酔っぱらって、『アメリカ外交が、世界中で自由と民主主義をプロモートしているのだ』というもっともらしい理論的な装飾をほどこした、新しいタイプの帝国主義外交を実践し始めた」（A Pact with the Devil）と述べている。

優秀なリアリスト派の論客として注目を浴びているテキサスＡ＆Ｍ大学のクリストファー・

レイン――CIA・国家情報会議のアドバイザー――も、「デモクラティック・ピース・セオリーは、〝非民主主義国は、世界平和にとってマイナスの存在だ〟という印象を与えることにより、冷戦後のアメリカの帝国主義的な政策をプロモートする役割を果たしてきた。しかしこのデモクラティック・ピース・セオリーは、民主主義国の非民主主義国に対する一方的で攻撃的な外交政策を正当化する〝理論的な根拠〟として使用されるべきではない」と批判している。

一九八〇年代に反帝国主義的な民主党左派の学者が唱え始めたデモクラティック・ピース・セオリーは、一九九二年以降、攻撃的な一極覇権戦略をプロモートするネオリベラル、ネオコン、イスラエル・ロビーの三勢力にハイジャックされてしまい、最近のアメリカの帝国主義的な外交政策を正当化する「理論的な根拠」として利用されている。

■理想主義の裏に

②デモクラシー・ユニバーサリズム

「民主主義は普遍的な価値観である」、「民主主義は、世界中の諸国で採用されるべき普遍性を持つ政治イデオロギーである」というデモクラシー・ユニバーサリズムも、アメリカの一極覇権戦略を正当化するための外交理論として利用されてきた。

読者の中には、このユニバーサリズム（普遍主義）に賛成される方が多いかもしれない。

「非民主的な国が民主化するのは、良いことだ」と考えるのは普通だからである。たしかに北朝鮮のように、まさに「世界最悪の全体主義」としか言いようのない政治体制を観察していると、「一刻も早く、北朝鮮を民主的な国にしてあげたいものだ」と感じてしまう。そう感じるのが普通である。スターリン、毛沢東、ポルポト、金正日等による苛烈な洗脳政治・恐怖政治・粛清政治よりも民主主義の方が好ましい政治体制であることに、疑問を持つ人はいないだろう。

しかしアメリカの外交論壇において、ネオリベラル、ネオコン、イスラエル・ロビーの論客がデモクラシー・ユニバーサリズムの旗を掲げる時、彼らの「民主主義は、世界中の国で採用されるべき普遍性を持つ政治イデオロギーだ！」という〝理想主義的な主張〟には、そのまま額面通りには受けとれぬ隠された意図が潜んでいることが多い。米政府の「民主主義を世界中に拡めよう！　バルカン半島、コーカサス地域、中東、中央アジアの独裁制を倒して、これら諸国に民主主義を実現しよう！」という、一見、〝誰も反対できない立派な主張〟にも、「アメリカ外交――そしてCIAによる秘密の介入工作――によって反米的な諸国をレジーム・チェンジさせて、アメリカの国益にとって都合の良い一極覇権構造を創りたい」という隠された外交戦略が潜んでいることが多いのである。

（アメリカやイスラエルは、自国にとって都合の悪い独裁国――イラン、シリア、リビア、サダム・フセイン時代のイラク、キューバ等――の民主化を声高に要求してきたが、自国にとって都合の良い独裁国――ヨルダン、サウジ・アラビア、クェート、バーレーン、モロッコ、アルジェリア、イエメン、アゼルバイジャン等――の民主化を要求しない。)

■ハンティントンが抱いた疑念

それでは、デモクラシー・ユニバーサリズムという理論自体は、正しい理屈なのだろうか？ここで米政府の主張してきたデモクラシー・ユニバーサリズムの真実性に関して、基礎的な議論を試みてみたい。

(1)そもそも民主主義とは、世界中の諸国で採用されるべき普遍的な価値を持つ政治イデオロギーなのだろうか？

(2)世界中の国が民主主義体制になれば、それによって「世界情勢は安定し、人類の進歩が達成された」ということになるのだろうか？

国際政治学者であり優れた政治思想家でもあったハンティントンは、デモクラシー・ユニバーサリズムを深く疑っていた。発展途上諸国の歴史と文化に対して深い理解を持つハンティントンは、「民主主義は、世界中の国で採用されるべき普遍性を持つ政治イデオロギー」だとは思っていなかったし、「世界の総ての国が民主主義を採用することが可能だ」とも思っていなかった。

ハーバードの大学院で彼の教え子であったフランシス・フクヤマ（前ジョンズ・ホプキンス大教授）が、東西冷戦が終結したことにより世界中の国が民主主義・自由主義・資本主義のシステムを受け入れるようになり、そのことによって「歴史は終わったのだ！」と主張する本を書いて、一躍、外交論壇の寵児となった時、ハンティントンは、「ソ連の共産主義が崩壊したからといって、イスラム教諸国や中国まで西洋的な民主主義と自由主義の制度を受け入れるだろうと思い込むのは、アメリカの近視眼的な自惚れと傲慢にすぎない」と、フクヤマの議論を酷評した。

クリントン政権とブッシュ（息子）政権は、〝世界中の国に民主主義・自由主義・資本主義を受け入れさせることによって、アメリカにとって有利な一極構造の世界を作り出すことができる〟という戦略的な計算をしていたが、ハンティントンはこのような考えに対しても懐疑的であった。ロシア、コーカサス地域、中近東、中央アジア、南西アジア、北アフリカ等の地域において、〝我々も民主主義・自由主義・資本主義を受け入れて、祖国を西洋化――もしくはアメリカ化――したい〟と望んでいるのは、ごく一握りのエリート層にすぎないことが多いからである。

これら諸地域の大衆は、自分達の伝統的な生活様式、宗教感情、経済制度、家族制度を破壊する効果を持つアメリカ的な自由主義・資本主義の導入に対して激しく反撥する傾向があることをハンティントンは熟知しており、「非西洋諸国に民主主義をいきなり導入すれば、西洋文明を嫌っているナショナリスティックな政治勢力（＝反米的な勢力）を強化する結果となることが多い」（Who are We?）と警告していた。彼は、「世界諸国の民主化・自由化・資本主義化が、アメリカの国益にとって有利な一極構造の世界を創りだす結果とはならない」と見抜いていたのである。

このように異文明に対する深い洞察力を備えていたという点において、ハンティントンは、ナイ、フクヤマ、ライス、ブッシュ（息子）のような軽率な一極覇権主義者よりも、はるかに優秀な人物であった。

民主化と国際政治の関係について多くの論文を発表してきたコロンビア大学の国際政治学者、ジャック・スナイダーも、「非西洋諸国に性急に民主主義を押し付けると、内政と外交を不安定化させることが多い」と述べている。スナイダーのリサーチによれば、「統計的に見て、民主主義を受け入れる制度的な条件が整っていない国にいきなり民主主義を導入すると、対外戦争や内戦を惹き起こす確率が四倍になる」（Electing to Fight）という。「デモクラシーはユニバーサル（普遍的）な価値だ！」と主張してアメリカが他の諸国に一方的に民主主義制度を押し付けると、悲惨な流血沙汰や泥沼化した内戦になることが多いのである（例：グゥアテマラ、ニカラグア、ハイチ、南ベトナム、イラク、レバノン、アフガニスタン）。

米民主党の支持者であるタフツ大学のトニー・スミスは、民主党政権のデモクラシー・ユニバーサリズムを次のように批判している。

「民主主義や自由主義を他国に押し付けようとしているアメリカの〝リベラルな帝国主義者たち〟は、他国の歴史に対して無知であり、無関心である。彼らは、アメリカが他国に民主主義を導入させれば、〝他国の政体は、すぐに変えられる〟と思い込んでいる。クリントン政権の提唱した『デモクラティック・エンラージメント』（民主主義圏の拡大政策）とは、そのような無知に基づいた政策だった。

しかもこれらの〝リベラルな帝国主義者たち〟は、リアリスト的なバランス・オブ・パワーの計算をすることが出来ない。彼らは現実のバランス・オブ・パワー情勢を無視して、アメリカにとって都合の良い国際秩序を他の諸国に強制的に採用させようとしてきた。このような振る舞いは、〝他国を民主主義に移行させる〟という名目のもとに国際構造を一極化しようとする、アメリカのナショナリズムの発露にすぎない」（A Pact with the Devil）

トニー・スミスは一九九〇年代から、「デモクラシーはユニバーサルだ！　非民主主義国の多くは〝ならず者国家〟だ！」という単純な外交スローガンを振りまわしてアメリカの帝国主義的な外交戦略と武力介入を正当化してきたネオリベラル、ネオコン、イスラエル・ロビーの三勢力を、鋭く批判してきた。ケナン、ハンティントン、ミアシャイマーと同様、トニー・スミスは、民主・共和両党の外交政策エスタブリッシュメントを両方とも同時に敵にまわすことを怖れない「勇気ある、穏健で常識的な学者」である。（筆者が最も好きなアメリカ人とは、このタイプの学者や言論人である。）

■やっぱり歴史は終わらない

クリントン政権とブッシュ（息子）政権が単純なデモクラシー・ユニバーサリズムの理屈を振りかざして、アメリカの勢力圏を拡大しようとするアグレッシヴな覇権戦略を実行していた時、そのような外交政策の知的貧困と実際的な欠陥を真正面から指摘していたのがフランス外務省であった。

フランスは十五世紀から二十世紀初頭まで、国際政治の主要国として外交政策を実行してきた国である。「ヨーロッパ最高の文明国」を自認するフランスは、必要な場合にはオスマン・トルコ帝国やロシア帝国のような「野蛮な異教国、非民主主義国」とも同盟関係を結んで、イギリス、オーストリア、プロシア等の「開明的なキリスト教国」をカウンター・バランス（牽制・均衡）する、という冷徹なリアリスト外交を実行してきた。伝統的なフランスの同盟政策とは、宗教やイデオロギーや政治体制の違いにとらわれぬ、非感情的なものであった。フランス革命の後も、「民主主義は、世界中の国で採用されるべき普遍性を持つ政治イデオロギーだ」というデモクラシー・ユニバーサリズムとは無縁なリアリスト外交（バランス・オブ・パワー外交）を実践してきたのが、フランスである。

（第一次世界大戦後、フランスは英米仏による三国同盟体制を作って、ヨーロッパのバランス・オブ・パワー情勢を安定化しようとした。しかし国際政治をまったく理解できなかった〝高邁なる道徳家〟ウィルソン大統領がこの案を拒絶したため、三国同盟は実現しなかった。多くの著名な外交史家――A・J・P・テイラー、ポール・ケネディ、ヘンリー・キッシンジャー等――が、「もしこの三国同盟が実現していたら、第二次大戦は起きていなかっただろう」と指摘している。ドゴール大統領やポンピドー大統領が独善的な「理想主義」を振りまわすアメリカ外交を信用せず、シラク大統領がブッシュ〔息子〕政権のネオコン外交をまったく相手にしなかったのには、十分な理由があったのである。）

クリントン大統領とオルブライト国務長官が「デモクラティック・エンラージメント」というスローガンのもと、アグレッシヴな外交によってアメリカ勢力圏の拡大政策を実行していた時、「デモクラシーはインスタント・コーヒーじゃない。他国に一方的・強制的に民主主義を押し付けようとしても、民主主義体制は根付かない。民主主義は社会の内部から生じる成熟プロセスによって実現されるものであり、外部からの圧力によって移植できるものではない」(Les cartes de la France à l'heure de la mondialisation) と真正面から反論したのが、フランス外相ヴェドリーヌであった。

ヴェドリーヌは、アメリカのネオリベラル、ネオコン、イスラエル・ロビーの三勢力が、デモクラシー・ユニバーサリズムを声高に叫んでイスラム教諸国に対するアメリカとイスラエルの攻撃的な外交政策を正当化しようとしていたことに対して、深い猜疑心を抱いていた。彼は、「アメリカの真の意図は、『民主主義を支援する諸国』という名の連合体を作ることによって国連安保理のプロセスをスキップし、アメリカが一方的に武力行使できる機会を作ろうとしているのではないか？　フランスは、そのようなやり方を受け入れるわけにはいかない」と述べていた。

ハンティントンやヴェドリーヌが指摘したように、デモクラシーはインスタント・コーヒーではない。ティーカップにスプーン一杯の「デモクラシーの素」を入れて熱湯を注いでも、しばらくすると内戦や内乱が起きて腐敗した独裁者による非民主的な政権が誕生する、というのが、今までに頻繁に起きた現象であった。

国際政治史と法制史の学者は、「非西欧諸国に民主主義が根付くには、少なくとも次の三つの条件が整っていなければならない」としている。

（1）国民に法治主義を守る習慣が根付いていること。
（2）有能な官僚制度が整っていること。
（3）裁判制度が政治権力から独立していること。

これら三つの条件が整っている場合にのみ、民主主義はユニバーサルな政治体制と言えるのである。ロシア、ウクライナ、コーカサス諸国、イラン、イラク、アフガニスタン、パキスタン、中央アジア諸国、中国、アフリカ等には、これらの条件が備わっていない。タレント学者、フランシス・フクヤマのキュートな主張にもかかわらず、「やっぱり、歴史は終わらない」のである。（つまり、国際政治におけるバランス・オブ・パワー政策——リアリスト外交——は、二十一世紀になっても必要不可欠な外交戦略であり続ける。冷戦後の米国務省や日本外務省のように「中国はそのうち民主化するのではないか」というバラ色の期待に基づいて外交戦略を設定してきたのは、愚かな態度であった。）

■三百六十年の常識を覆す

③主権制限論

冷戦後の米政府の一極覇権戦略を正当化しようとする〝新しい外交理論〟の三番目は、「非民主主義諸国が、自国民を迫害したり、大量破壊兵器を製造もしくは所有しようとする場合、これらの非民主主義国――いわゆる〝ならず者国家〟(rogue states)――は、正規の独立主権国家としての資格を失う。その場合、国連や先進民主主義諸国は、これらの〝ならず者国家〟に対して軍事力を行使する権利を持つ。不正もしくは危険と看做される行為を実行する非民主国の主権は、制限されるべきである」という主権制限の理論である。

この主権制限論は、一六四八年のウェストファリア条約から現在まで約三百六十年間維持されてきた国際法の重要なルール――「独立国の内政に干渉しない。独立国の国内行動や政治体制を理由として、他国が一方的に武力行使してはならない」というルール――を、根底から覆してしまう理論である。

一九八〇年代末からこの主権制限論を唱え始めた人たちには、米民主党左派系の人権活動家やリベラルな国際法専門家が多かった。彼らは、アフリカや東南アジアの民族紛争と部族抗争において非武装の民間人が大量に虐殺されていることに憤慨し、これらの虐殺を止めさせるために国連や先進民主主義諸国が軍事介入することを目的として、主権制限論を唱え始めた。この主権制限論を米マスコミに広めるために活躍した人物として、ハーバード大学ケネディ・スクール教授であったマイケル・イグナティエフ(現在はカナダ下院議員)とサマンサ・パワー、ニューヨーク大学法学部のトーマス・フランク等がいる。

元ジャーナリストであったサマンサ・パワーの書いた『地獄からの問題』(A Problem from

Hell）はマスコミの脚光を浴び、ピュリツァー賞を受賞した。「発展途上国の人権問題を解決するために、先進諸国（特にアメリカ）は軍事力の使用をためらうべきではない」と主張する彼女は、多くの人権活動家にとってヒロインとなった。当時、大統領選出馬を準備していたオバマ上院議員は、民主党左派に人気のあるサマンサ・パワーをさっそく自分の「重要な外交政策アドバイザー」に起用して、「人権問題に対して深い関心を持つ、良心的な政治家オバマ」というイメージ作りに利用した。（オバマが大統領選に当選すると、サマンサ・パワーは「重要な外交政策アドバイザー」のポジションから外されて、国家安全保障会議のあまり重要でないスタッフとなった。）

クリントン政権のオルブライト国務長官（チェコスロバキア生まれのユダヤ系）も、主権制限論の熱心な支持者であった。彼女は「筋肉質の多国間協調」（muscular multilateralism）という奇妙なアイディアを提唱し、アメリカ、イスラエル、イギリス等の民主主義国が合意した場合には、人権侵害や大量破壊兵器の製造を疑われている国に対して、アメリカやイスラエルが――国連や国際法を無視して――軍事力を行使してもよい、と主張していた。仏外相ヴェドリーヌが、「アメリカの真の意図は、国連安保理のプロセスをスキップして一方的に武力行使できる機会を作ることではないか」と批判したのは、オルブライトの「筋肉質の協調外交」に反論した際のことである。

オルブライトは、一九九九年の米軍によるセルビア空爆に大賛成であった。国連安保理の反対を無視して行われたこの空爆は、名目的には「NATO諸国による共同作戦」ということになっていたが、空爆のほとんどは米軍機によって実行された。空爆を正当化するためアメリカが使用した「理論的な根拠」は、主権制限論であった。すなわち、「セルビア人は、旧ユーゴスラビア地域のボスニア人やコソボ人を民族粛清（殺戮）してきた。このような行動をとるセルビアには、正規の独立主権国家としての資格が認められない。したがって民主主義諸国は、この〝ならず者国家〟に対して軍事力を行使する正当な権利がある」というものであった。

アルバニア系のコソボ人をセルビア軍の暴虐から救ったという点において、このセルビア空爆は「道徳的であった」と評価できる。この空爆を実行したことにより「数千人〜一万人程度のコソボ人が命を失わずにすんだ」と推測されている。米軍によるセルビア空爆は無駄ではなかった。

■大量虐殺を無視するのは何故か

しかし、このバルカン半島におけるアメリカの空爆行為に関しては、重大な疑問が残っている。クリントン政権時代、中央アフリカ諸国では、驚くほど大規模なジェノサイド（民族大量虐殺）が発生していた。この時期に、ルワンダ、コンゴ、スーダン等で虐殺された非武装の民間人の数は、四百万～五百万人と推定されている。そして、セルビアよりもはるかに残虐非道なこれら〝ならず者国家〟に対して、米政府は「クールな傍観者」という態度をとっていた。時々、国務省報道官が、これら諸国のジェノサイドに関して「憂慮する」とか「遺憾である」とか、ボソボソと低い声でコメントしていたが、それだけのことであった。

「世界を一極構造にして、アメリカだけが世界を支配する」ことを望んでいたクリントン政権は、現実に起きている阿鼻叫喚の大規模なジェノサイドに対しては無関心であり、普段は饒舌で自己主張が強く、「道徳的な公憤」や「人権問題に関する誠実な関心」を見せびらかすのが大好きなオルブライトおばさんも、実際に起きているジェノサイドの大惨事に関しては「貝のように寡黙」であった。サマンサ・パワーが著書『地獄からの問題』で激しく糾弾したのは、このような民主党クリントン政権の偽善と「ジェノサイドに対する無関心外交」であった。

実は米政府が、アフリカで起きている大規模なジェノサイドを無視し、その一方でバルカン半島の小規模な民族紛争に軍事介入した理由は、アメリカ自身の地政学的な利益（勢力圏拡大政策）にあった。クリントン政権が本当に興味を示したのは、〝ならず者国家〟の人権侵害やジェノサイドを、主権制限論を使って処罰することではなく、「セルビアの残虐行為を処罰する」という人道的な名目のもとに米軍をバルカン半島に出動させて、冷戦期（二極構造時代）にロシアの影響力が強かったこの地域を、アメリカの勢力圏に取り込んでしまうことであった。

(ヨーロッパ諸国とロシアは十九世紀初頭から、オスマン・トルコ帝国の衰退につけ込んで、バルカン半島において勢力圏の拡大競争を繰り返していた。第一次世界大戦が起きた直接の原因も、バルカン半島における勢力圏争いであった。ギリシャ・ローマ時代からバルカン半島は、諸大国の勢力圏拡大競争のターゲットになり易い地域である。)

著名な外交史家であるウォルター・ラフィーバー(民主党中道派、コーネル大学教授)は、「クリントン政権のバルカン半島介入は、NATO軍をこの地域に出動させることによりアメリカのNATO支配を確実なものにし、それと同時にヨーロッパ全域をアメリカの影響下におくことを目的としていた。アメリカの勢力圏を地中海の東部地域にまで拡げて、この地域の支配権をアメリカの中東支配に利用することも目指していた」(America, Russia and the Cold War, 2002)と記述している。ラフィーバーによれば、人道的名目によるアメリカのバルカン紛争介入の真の目的は、自国の勢力圏拡大にあったのである。

オバマ政権において国務省の政策立案局長(二〇〇九〜一一年)という要職についたアン・マリー・スローターも、主権制限論の熱心な提唱者である。彼女は表面的には〝ネオリベラルな民主党員〟ということになっているが、プリンストン大学で国際政治を講義していた時、彼女の授業の内容は共和党のネオコン族やイスラエル・ロビーの好戦的な主張にそっくりであった。彼女はブッシュ(息子)政権の強硬な対イスラム圏政策を一貫して支持し、米政府が国連安保理の許可を得ずに二〇〇三年のイラク戦争を強行したことを、「国際法上、何の問題もない」と断言していた。

（言うまでもないことであるがこの戦争は、当時のアナン国連事務総長が明言したように「国際法違反の侵略戦争」である。しかし国際法の解釈というものは、所詮、「勝者の解釈」であり「勝者の正義」である。一九四五年以降、アメリカ、ロシア、中国、イスラエル四ヵ国は、国際法違反の侵略戦争と戦争犯罪行為を何十回も繰り返してきたが、一度も処罰されなかった。国際法によって処罰されてきたのは、ルワンダやカンボジアのような弱小国と日本やセルビアのような敗戦国だけである。）

スローター政策立案局長は、非民主主義国が〝大量破壊兵器を製造、もしくは所有しようとしている疑惑がある〟場合、民主主義国――特にアメリカとイスラエル――は、「国連の許可を得ずに、先制攻撃や予防的戦争を実行する権利がある」という。彼女はオバマ政権において、この主権制限論をイランに対して適用すべきことを熱心に主張してきた。

上院議員として二〇〇三年のイラク戦争を熱心に支持し、覇権主義的なネオリベラル勢力やイスラエル・ロビーと緊密な協力関係を維持してきたヒラリー・クリントン国務長官も、主権制限論の支持者である。オバマの下で国務副長官（二〇〇九～一一年）を務めたジェームズ・スタインバーグも、主権制限論の熱心な提唱者である。スタインバーグは外交専門誌『アメリカン・インタレスト』に発表した論文において、主権制限論に関して以下のように主張している。

(1)ブッシュ大統領のイラク戦争は、やり方があまりにも拙劣かつ一方的であったため、評判が悪かった。しかしアメリカは今後も、他国に対して先制軍事攻撃と予防的戦争を実行する権利を維持すべきである。

(2)冷戦終了後の国際社会においては、他国の国内行為——自国民の基本的人権を保護しているか、秘かに大量破壊兵器を作ろうとしているのではないか、国内にテロリスト・グループがいるのではないか、等々——も、米政府の重大な関心事となる。国内においてそのような行動がみられる国を、我々は正規の独立主権国家と看做すことはできない。国際社会はそのような国家に対して、武力介入する権利を持つ。我々は、〝核兵器を作ろうとしているのではないか〟という疑惑を持たれている国に対して、先制攻撃をかける権利を維持する。

(3)国連安保理が適切な対応策を採ろうとしない場合、NATOのような地域組織が軍事介入すべきである。しかし地域的な組織が介入に合意しない場合は、民主主義諸国が一時的な「同志連合」を形成して、先制攻撃や予防的戦争を実行すべきである。

つまり、スタインバーグ国務副長官やスローター政策立案局長の主張してきたことは、米政府やイスラエル政府が、「国内で人権侵害している！　国内にテロリスト・グループが隠れている疑惑がある！　大量破壊兵器を作ろうとしている疑惑がある！」と一方的に決めつける国に対しては、国連や国際法のルールを無視して先制攻撃をかけても良い、予防的戦争を実行して軍事占領しても良い、ということである。これらネオリベラルなオバマ政権高官の意見と、共和党のネオコン族やイスラエルの武断主義的な主張と、一体何処に違いがあるのだろうか？

二〇〇八年、オバマ上院議員はブッシュのネオコン外交を激しく批判して、「チェンジ！チェンジ！」と叫んで大統領選に勝利した。しかし彼が大統領となって国務長官、国務副長官、国務省政策立案局長、イラン問題特使（デニス・ロス）、アフガン問題特使（リチャード・ホルブルック）に指名した人物は、全員、二〇〇三年のイラク侵略戦争を熱心に支持した民主党員であった。〝若き改革者〟オバマの約束した「チェンジ！」の実態は、その程度のものであった。

最近ではロシアのプーチンとメドベジェフまで、この主権制限論を真似した屁理屈を口走って、コーカサス地域におけるロシアの武力行使を正当化している（二〇〇八年八月、ロシア軍によるグルジア攻撃と南オセチア・アブハジア地域の軍事占領）。一九六〇年代から八〇年代にかけて、東欧諸国の主権を制限し、ソ連軍による一方的な武力介入と軍事占領を正当化したブレジネフ・ドクトリンを思い出してしまう（苦笑）。

■『産経』と『朝日』、双方が信奉する

④ヘジェモニック・スタビリティ・セオリー（覇権国による世界安定化の理論）

冷戦後のアメリカの一極覇権を正当化しようとする外交理論の四番目は、ヘジェモニック・スタビリティ・セオリーである。この理論は、「圧倒的な勢力を持つヘゲモン（ヘジェモン：覇権国）が、その優越した軍事力・経済力・外交力を使用して国際政治と国際経済システムをスタビライズ（安定化）すれば、世界平和と世界経済の繁栄が生じる。その結果、アメリカだけでなく世界中の国がその恩恵を受ける」というものである。

デモクラティック・ピース・セオリー、デモクラシー・ユニバーサリズム、主権制限論と同様、このヘジェモニック・スタビリティ・セオリーも、「国際構造を一極化し、アメリカだけが世界覇権を握る」という冷戦後のアメリカのグランド・ストラテジーを「理論的に正当化するもの」と外交宣伝されてきた。

一極覇権戦略を実行してきた米国務省とペンタゴンが、この理論を提唱しただけではない。日本人もこの理論の「熱心な信者」である。冷戦終了後、日本の外務省、防衛省、財務省、自衛隊、財界人、エコノミスト、親米保守の言論人等は、このヘジェモニック・スタビリティ・セオリーを喜んで受け入れてきた。『読売』『日経』『産経』等の保守系新聞社も、ヘジェモニック・スタビリティ・セオリーを信奉している。表面的には「我々は対米追従を拒否する」と

いうポーズを採ることの多い『朝日』や『毎日』も、本音レベルではこの理論の信者である。ヘジェモニック・スタビリティ・セオリーとは、敗戦ショックと占領政策によって戦略構想能力を喪失し、対米依存心が異常に強くなった日本人にとって、「日本は今後も、アメリカに依存し続けていれば大丈夫だ！」と感じさせてくれる外交理論なのである。多くの日本人にとって、この理論はとても便利で、心地良いセオリーである。ヘジェモニック・スタビリティ・セオリーが正しいと仮定するならば、日本は今後も、敗戦後の対米依存体制をそのまま続けることができるからである。

（筆者が本書を執筆することに決めた動機の一つは、この「アメリカの一極覇権による国際政治・国際経済システムの安定化」というポピュラーな仮説が間違っていることを証明することにあった。この仮説が間違いであることを本書で説明し、「二十一世紀の日本には、自主防衛と同盟関係の多角化を実行する、正統的なバランス・オブ・パワー戦略が必要である」という論理を多くの人に理解してもらいたい、と望んだのである。）

本書の第六章と第七章の多くは、ヘジェモニック・スタビリティ・セオリーが間違いであることの説明に充てられている。したがって本章では、米民主・共和両党が主張してきた「アメリカ覇権による国際システム安定化の理論」とはどのような議論なのか、という点を簡潔に描写するだけに留めておきたい。

民主党系の論客として最も明快にこのヘジェモニック・スタビリティ・セオリーを主張してきたのは、プリンストン大学のジョン・アイケンベリーである。日本の外務官僚と親米派の国際政治学者には、アイケンベリーのファンが少なくない。アイケンベリーの「アメリカの軍事覇権・経済覇権による世界の安定化」という仮説が正しいとするならば、日本は安易な対米依存体制を何時までも続けられる。国際関係における「甘えの構造」が大好きな日本の左翼と保守派にとって、これほど都合が良い外交理論はない。

アイケンベリーは、「アメリカの覇権はリベラル（自由主義的）な覇権であり、国際法と国際組織の制度的な制約を受け入れている抑制的で非拡張主義的な覇権である。したがって他の諸国は、アメリカの覇権を怖れる必要がない」（America Unrivaled）と主張している。そのような「善良で反帝国主義的なアメリカ」が世界各地で巨大な軍事力を行使しても、「他の諸国はアメリカに対抗するために、自国の軍事力を強化する必要性を感じない」と彼は述べる。（親中派のアイケンベリーは「中国の軍備増強は防御的なものであり、アメリカの軍事力に対抗するためではない」と明言して、過去二十三年間の中国の異常な軍拡政策に対して「冷静で、理性的な態度」を採っている。）

アイケンベリーは、「アメリカは自国の軍事力と経済力を、世界諸国にとって大切な国際公共財として世界安定化のために提供している善良な覇権国（Benevolent Hegemon）である」

と解説する。したがって「アメリカのリベラルで成熟した外交政策に、世界諸国は進んで協力する」と述べる。彼は、「アメリカの国内体制がリベラルで民主的なものであるという事実が、その世界覇権に正当性を与え、他の諸国にアメリカの覇権が善良なものであるということを納得させている」という。そして「アメリカの覇権は他国から歓迎されているから、今後も長続きするのだ」と彼は主張する。

アメリカによる一極覇権構想を美化し、ひたすら自画自賛するアイケンベリーの主張には、すでに述べたアメリカ外交の第一の特徴、アメリカン・エクセプショナリズム――「アメリカは例外的な国だ、世界の模範となる例外的に道徳的な国だ」――の色彩が強い。歴史的にみてアメリカは、「抑制的であり、非拡張主義的であり、善良な覇権国であった」というアイケンベリーの主張は、大部分のアメリカ国民にとって心地良く、納得できる主張なのである。

しかしアメリカによる侵略戦争によって祖国の半分を強奪されてしまったメキシコ人、米軍とCIAの介入によって非武装の民間人を大量殺害されてきたキューバ人、ニカラグア人、グァテマラ人、フィリピン人、ベトナム人、ラオス人、イラク人、アフガン人、パキスタン人等にとって、「アメリカとは、抑制的で善良な覇権国である」という主張は、どれほどの説得力を持つ議論なのだろうか？　一九五〇〜六〇年代、「言うことを聞かないと、先制核攻撃するぞ！」と米政府に何度も恫喝されたことを明確に憶えている中国人とロシア人は、「アメリカとは、善意に満ちたリベラルな覇権国なのだ」という印象を受けただろうか？

アイケンベリーの主張する「抑制的で善良なアメリカ覇権」「非拡張主義的で反帝国主義的なアメリカ外交の伝統」とは、アメリカにとって都合の悪い外交政策の〝歴史的な事実を無かったことにする〟という修正を施された〝神話化されたアメリカ外交〟という性格が強い。これはハーバード大の外交史学者、ニアル・ファーガソンが述べたように、「アメリカが帝国主義外交を実践してきたことを否定する不正直な帝国主義」なのである。

ジョセフ・ナイ（ハーバード大）も、ヘジェモニック・スタビリティ・セオリーの熱心な提唱者である。彼によると、「アメリカが他の諸国に軍事的な保護を提供してきたことが、アメリカのパワー（勢力）の源泉となっている……アメリカが他国との間に非対称的な依存関係を作れば、そのこと自体が暗黙の『脅し』として機能して、アメリカの支配力となる」（Bound to Lead）という。ナイは、「アメリカが冷戦後の国際社会において軍事的な優越性を維持することによって、国際政治は安定する」と主張してきた。

（マクロ経済学に無知なナイは、今後三十年間、財政構造が刻々と悪化していく米政府が、毎年、巨額の財政赤字と経常赤字を垂れ流し続けながら、「アメリカは軍事的に非対称的な依存関係を維持できる」と思い込んでいる。しかし、経済学を理解している国際政治学者——ウォルツ、ギルピン、カレオ、ホフマン等——は、「恒常的に過少貯蓄構造のアメリカが、二十一世紀にも世界覇権を握り続けることなどありえない」と明言している。言うまでもないことであるが、対米依存心が異常に強い日本の官僚と言論人に人気のあるのは、タレント学者・ナイである。）

ナイは、アメリカのソフト・パワー——アメリカのポップ・カルチャーやイデオロギーやライフ・スタイル等の持つ対外的な影響力——を「アメリカ覇権による世界安定化に使用すべきである」と説いて、次のように述べている。

「ソフト・パワーを持つ覇権国が、国際関係におけるアジェンダ（議題）を設定する能力を持つ。そのような国が、自国の意志を諸外国に受け入れさせることができる。米政府は国際組織と国際法をアメリカにとって有利なように設定し、それによって他国の活動を、アメリカの国益を増強する方向へ誘導していくことができるのだ」(Paradox of American Power)

ナイ、アイケンベリー、クリントン夫妻、キャンベル国務次官補、オルブライト元国務長官、ペリー元国防長官等が、民主党側のヘジェモニック・スタビリティ・セオリーの提唱者である。共和党側では、ブッシュ親子、ライス前国務長官、マッケイン上院議員、ウォルフォウィッツ元国防副長官、アーミティッジ元国務副長官等が、ヘジェモニック・スタビリティ・セオリーを提唱してきた。オバマ政権のグランド・ストラテジーも、この理論を基礎的な枠組みとして作られている。

■アメリカがもたらした七つの厄災

しかし、である。現実の国際政治はどうなのか？アメリカのヘジェモニックな（覇権主義的な）外交戦略によって、本当に国際政治と国際経済にスタビリティ（安定）が生じたのだろうか？

一九九〇年代の初期から「アメリカ覇権による世界一極化」を目指してきたアメリカは、二十一世紀になると、

（1）イラク、アフガニスタン、パキスタン、イエメン、ソマリア等、複数のイスラム教諸国において長期的なゲリラ戦の泥沼状態に陥り、

（2）イスラエル軍による国際法違反のパレスチナ占領と領土窃盗、パレスチナとレバノンの民間人の大量殺害を盲目的に支援し続けたことにより、世界十五億のイスラム教徒の嫌米感情を激化させ、

（3）旧敵国ロシアとも、中近東、コーカサス地域、黒海沿岸、中央アジア地域で再び勢力圏争いを開始し、

（4）アメリカ製の不良金融商品を世界中の金融機関に大量販売したことによって、世界的な金融大恐慌を惹き起こし、

（5）アメリカの巨大な財政赤字と経常赤字をファイナンスするため、真の資産の裏付けを持

たないペーパー・マネー（米ドル）を三年間で二兆ドルも増刷して国際通貨市場に注ぎ込み、一方的な通貨切り下げ政策を実行して国際通貨システムを混乱させ、
（6）無気力・無責任な対朝政策によって、北朝鮮の核弾頭増産を放置し続け、
（7）近視眼的な対中宥和政策を採用することによって、勃興する中華帝国の歴史的に前例のない大軍拡をカウンター・バランス（牽制・阻止）することに失敗した、

という七つの現実に直面している。

最近二十年間の国際政治の潮流を観察すれば、アメリカの外交政策エスタブリッシュメントが宣伝してきたヘジェモニック・スタビリティ・セオリーという仮説が、どの程度の「現実性」を持つ外交理論なのか、国際政治に関して詳しい知識を持たない素人でも、容易に判断できるのではなかろうか。

ナイやアイケンベリーは、「アメリカは善良な覇権国である。したがって世界諸国は、アメリカによる世界覇権の掌握に喜んで協力する」と主張してきた。そのような自信過剰とナルシシズムこそ、まさに「エクセプショナル」なのである（苦笑）。

第4章　非正規的戦争に直面する帝国

■時代遅れの振る舞い

冷戦終了直後に設定されたアメリカのグランド・ストラテジー（一極覇権戦略）は、二十一世紀になっても維持されている。以下に、ブッシュ（息子）政権とオバマ政権の一極覇権外交を説明したい。

ブッシュ政権の一極覇権主義が正直に（そして露骨に）表明されたのは、二〇〇二年六月、ブッシュがウェスト・ポイント（陸軍士官学校）で行ったスピーチにおいてであった。このスピーチにおいてブッシュは、アメリカが――必要な場合には、国際法と国連安保理を無視して――他国に先制攻撃をかける権利と、一方的に予防的戦争を実行して他国を軍事占領する権利を持つことを宣言した。（〝多国間協調外交〟を提唱してきた民主党政権も、アメリカがこれらの「超法規的で一方的な軍事行動をとる権利を持つ」と主張している。）

そしてブッシュ大統領は、国際関係において「大国間の競争は不可避なものであるかもしれない。しかしアメリカは今後も、圧倒的な軍事力、他の諸国が挑戦することができない軍事力を維持していく。アメリカに対して（他の諸国が）軍備競争しようと試みること自体が無意味なのだ」と宣言した。これは、〝我々は、アメリカ以外の国が覇権を握ろうとすることを許さない！〟という、大胆でアグレッシヴな一極覇権主義の宣言であった。

このスピーチの三ヵ月後にホワイトハウスが発表した『国家安全保障戦略』（二〇〇二年版）においても、「我々は、他の諸国が挑戦できない軍事体制を維持する」と再び明言されており、さらに「他の潜在的な敵性国が、アメリカと対等な軍事力を持とうとすることを阻止する」と付け加えられた。

筆者が当時、この二〇〇二年版・安全保障戦略を読んでいて思わず笑ってしまったのは、その十七ページ目に、「中国が、近隣諸国に脅威を与えるような近代的軍事能力を獲得していることは、時代遅れの振る舞いである」と記述されており、その次のページに、「アメリカの軍事力は重要な役割を果たす。我々は、他の諸国が挑戦できない軍事力を構築していく」と書かれていたことである。

米政府にとって、他の諸国が軍事力を強化することは「時代遅れの振る舞い」であり、明らかに非理性的な行為なのであるが、アメリカだけは、世界一の軍事力——何時でも必要な時に、他国を威嚇し、屈服させることのできる軍事力——を維持するつもりなのである。そして、そのようなアメリカの軍備強化は「時代遅れの振る舞い」ではないのである。如何にもアメリカらしい、アメリカン・エクセプショナリズムに満ちた主張であった。

（当然のことながら、「お前達の振る舞いは、時代遅れだ」と批判された中国の政治指導者は、大規模な軍備拡張計画を止めようとしなかった。ナイーヴな日本人と違って老獪な中国人は、アメリカの「本音と正体」をしっかり見抜いている。米政府はしばしば偽善とダブル・スタンダードに満ちた二枚舌外交を実践するが、中国の政治指導者と外交官たちは、ペラペラとよく喋る舌を二十枚くらい持っている。国際政治においてアメリカと中国が騙し合いゲームをすれば、ほとんどの場合、勝つのは中国である〔苦笑〕。)

二〇〇二年版の国家安全保障戦略には、さらに、「冷戦では自由主義陣営が勝利した。国家の成功を維持するには、たった一つのモデルしか存在していない。それは、自由と民主主義と自由経済制度である」と書かれてあった。この記述も、アメリカ的な政治イデオロギーと資本主義システムを世界中の国に採用させようとする、アメリカの「世界一極化」戦略の宣言であった。当時、国務省の政策立案局長を務めていたリチャード・ハースは、「アメリカ外交の最優先課題とは、他の諸国と国際組織をアメリカの利益と価値観に合うようにアレンジして、世界を統合していくことだ」と解説していた。(これは一極覇権戦略の、とても巧妙な表現である。)

■ブッシュ演説、三つの問題

ブッシュ〔息子〕は二〇〇四年秋の大統領選で再選されて、翌年一月の大統領就任式で次のような〝勇気と理想主義に満ちた演説〟を行った。

「我が国において自由が生き残るためには、他の諸国でも自由が実現される必要がある。世界中に自由が拡がることが、世界平和を実現するための最良の希望となる……したがって総ての国において、民主主義制度と民主主義的な政治運動を要求し支援していくのが、アメリカの政策である。我々の最終目標は世界から圧制を追放することである」

読者の方々は、このスピーチの内容をどう解釈されるだろうか？

日本の親米派言論人には、「さすがアメリカだ！　世界中に自由と民主主義を拡げようとしている。ブッシュ大統領の理想主義的な外交政策は素晴らしい！」と、このスピーチを礼賛した人が多かった。しかしヨーロッパ、ロシア、中国、イスラム教諸国では、このスピーチは評判が悪かった。アメリカの優秀なリアリスト派の戦略家たちも、ほとんど全員がネガティブな反応をした。リアリスト派の著名な国際政治学者としてはただ一人、二〇〇三年のイラク侵略戦争を支持したキッシンジャーでさえ、このスピーチには批判的であった。何故だろうか？

このスピーチは、〝自由主義・民主主義を世界中の国に採用させることが、アメリカの外交戦略だ〟と宣言した点で、典型的なアメリカ外交の「世界一極化」願望を表現したものである。しかしこのスピーチには三つの問題があった。以下に、その問題点を説明したい。

（１）「我が国において自由が生き残るためには、他の諸国でも自由が実現される必要がある」というのは、明らかに虚偽である。日本やフランスにおいて自由が生き残るためには、コンゴやジンバブエにおいても、政治的自由と経済的自由が実現される必要があるのだろうか。

ネオコン戦争を決行したブッシュとライス国務長官は、「アメリカで自由が生き残るために、我々はイスラム教諸国における戦争を継続する必要があるのだ」と主張していた。この「アメリカの自由を守るため」に、米政府は他の（非自由主義的な）諸国を軍事占領する必要がある、という外交政策の論理は、あまりにも愚かである。

（2）「世界中に自由主義と民主主義が拡がることが、世界平和を実現するための最良の希望となる」という論理も、虚偽である。すでにデモクラティック・ピース・セオリーとデモクラシー・ユニバーサリズムを解説した箇所で説明したように、自由主義・民主主義という政治システムを発展途上国に強制的に「移植」しても、世界平和が実現される訳ではない。（逆にこれらの諸国において、内戦や対外戦争が発生する可能性が高くなる。）さらにケナンやハンティントンが繰り返し指摘したように、世界中の国に自由主義・民主主義というイデオロギーが適しているわけでもない。

（3）「我々の最終目標は、世界から圧制を追放することである」という政策も、単に実現不可能な目標というだけでなく、極めて危険な外交目標である。アメリカは今後、中近東、アフリカ、南西アジア、中央アジア等の地域で、「圧制追放」のためのジハード（聖戦）でも始めるつもりなのだろうか？　それとも「世界から圧制を追放する」という理想主義的で聞こえの良い口実のもと、アメリカやイスラエルにとって都合の悪い国に対して、アメリカが一方的な先制攻撃と予防的戦争を実行することを正当化するつもりなのだろうか？

「圧制の追放」という〝道徳的に立派な目標〟を掲げる外交政策は、アメリカ国民の独善的なナショナリズムを高揚させて、無思慮な軍事介入を正当化しがちである。このような〝高邁な理念を実現しようとする外交〟は、現実の国際政治におけるバランス・オブ・パワー計算を無視した外交政策と軍事政策をもたらすことが多い。政治やマスコミにおいてもっともらしく聞こえる〝理想追求の外交〟政策は、要注意である。

（一九三〇年代の日本も、「日中間の条約を守ろうとしない卑劣で嘘つきの中国人を懲らしめる」という〝道徳的に立派な目標〟を掲げて中国大陸における戦争を拡大し、バランス・オブ・パワーの計算を無視した軍事政策を実行した。その結果、日本は、日本を包囲する三覇権国〔米中露〕をすべて敵にまわして戦う、という外交を実践してしまった。外交政策と軍事政策に〝道徳的に立派な目標〟を持ち込むと、しばしば大失敗するのである。）

■「チェンジ」しない一極覇権主義

二〇〇九年一月、アメリカの政治権力は、共和党のネオコン大統領から「チェンジ！　チェンジ！」と叫ぶ民主党のオバマ大統領へ移行した。しかしアメリカ外交の基礎的な国家戦略が一極覇権主義であるという事実には、何の変化もなかった。すでに説明したように、「共和党外交と民主党外交の違いとは、表面的なスタイルの違い、使用するレトリックの違いにすぎない」（マイケル・リンド）からである。

二〇一〇年五月に公開されたオバマ政権の国家安全保障戦略（National Security Strategy 2010）も、民主党の外交政策文書の常として「多国間協調の必要性」を強調していたが、その一方で、米政府が〝テロ組織〟もしくは〝テロ支援国家〟と一方的に決めつける相手に対しては、国際法と国際機関を無視して武力行使する「権利」があると明言していた。（世界の百九十数ヵ国のうち、「我々は、国際法と国際機関を無視して一方的に武力行使する権利がある」と明言し、それを実行してきたのは、アメリカ、ロシア、イスラエル、中国である。これら四ヵ国のダブル・スタンダードに満ちた「厚顔外交」には、脱帽である。）

リアリスト派の国際政治学者、クリストファー・レイン（テキサスA&M大学）は、「オバマ政権の外交政策の高官の多くはクリントン政権時代から、一極体制を維持しようとするグランド・ストラテジーを提唱してきた人たちだ。冷戦後のアメリカの覇権戦略は、オバマ政権でも維持されている」（Waning of US Hegemony）と指摘している。穏健なリアリストであるディビッド・カレオ（ジョンズ・ホプキンス大）も、「民主・共和両党の間に、国家戦略に関して大きな違いはない。両党とも世界覇権を掌握することに執念を燃やし、国際構造を一極にしたいと望んでいる。〝オバマ政権になったらアメリカ外交は変わるだろう〟と期待したアメリカの投票者は、最近、『裏切られた』と感じているのではないだろうか」と述べている。（レインとカレオは一九九〇年代初めから「野心的な一極覇権戦略は、いずれ失敗するだろう」と予告してきた。）

米政府の一極覇権戦略は、一九九二年の国防プラン・ガイダンスに明瞭に表現されていた。アメリカの覇権主義は、ブッシュ（父）政権からオバマ政権まで基本的に変わっていないのである。

■非正規的戦争という落とし穴

しかし二〇〇三年から〇九年にかけて、イラク、アフガニスタン、パキスタン、イエメン、ソマリア等における「反米ゲリラ戦争の長期化・泥沼化」という苦々しい現実――自信過剰だったネオコンやネオリベラル勢力がまったく予想していなかった事態――に直面したアメリカは、国防戦略を大幅に修正する必要に迫られた。

それまでの米国防戦略には、六つの重要事項が存在していた。ブッシュ（息子）政権とオバマ政権は、これら六事項に加えて、「米軍が世界各地で長期的なゲリラ戦を闘う能力を構築する。発展途上諸国において、アメリカの世界覇権に抵抗する国の発生を防ぐ」という重要な任務を加えたのである。

（註：冷戦後のアメリカの六つの重要な国防項目とは、①米国本土を守る。②アメリカによる世界支配にとって最も重要なユーラシア大陸の三地域（ヨーロッパ・中東・東アジア）を米軍が支配し続ける。③ロシアと中国が、アメリカに挑戦できる能力を持つライバルとなることを防ぐ。④経済大国となった日本が、自主防衛能力を持つことを阻止する。⑤NATOを維持することにより、ヨーロッパ共同体に独立した軍事力を持たせない。NATOを、アメリカの世界支配の道具として活用する。⑥核兵器拡散を阻止する。既存の核武装国による核兵器独占体制を長期化させる。）

イラクにおける非正規的戦争――反米ゲリラ闘争、アラブ人とクルド人の民族抗争、スンニ派とシーア派の宗教紛争、という三種類の闘争がミックスした複雑な内戦――の泥沼化と、米軍によるイラク長期占領の必要性が明らかになった二〇〇四年秋、ペンタゴンの政策諮問機関、国防科学理事会（Defense Science Board）は『敵対行為からの移行』という報告書を発表し、「今後の米軍は長期的なゲリラ戦を闘い、しかも国家建設（nation building）の能力を持つ必要がある」と提唱した。

この報告書は、「イラクやアフガニスタンにおける戦争は、これら二つの国に限られたものではない」と述べ、米軍は今後も発展途上諸国における数多くの軍事紛争に介入し、「これら諸国における安定化作戦と国家建設の作業に従事する必要がある」と説いている。そして報告書は、不安定な途上国や内戦状態の国にアメリカが軍事介入して国家建設を行う能力が、「今後の米軍の中核的な任務となるだろう」と予測している。

ちょうど同じ頃、ペンタゴン、連邦議会、ワシントンのシンクタンクでは、『ペンタゴンの新しい地図』という軍事戦略書が大評判になった。著者は、トーマス・バーネットという新進の軍事学者である。バーネットによれば二十一世紀の国際社会は、二つの国家グループに分けられるという。経済活動のグローバル化に適応して平和と繁栄を享受する「中核国家」グループと、民主主義・自由主義・経済のグローバル化という現象について行けず、先進諸国の平和と繁栄から取り残されてしまった「ギャップ国家」グループである。

バーネットは、アメリカが世界のこれら二つの国家グループを支配し続けるために「米軍は、二つの機能を持つ軍隊に再編成されるべきである」と説いている。海空軍を主体として伝統的な戦争を行う軍隊と、「ギャップ国家」グループを支配するため、世界各地でゲリラ戦を闘い、国家建設の作業を行う軍隊である。後者の軍隊は米陸軍と海兵隊が主体となり、バーネットはこの軍隊のことを「システム行政官」と呼んでいる。

つまり、アメリカの海空軍がヨーロッパ、日本、中国、ロシア等を支配し、「システム行政官」の軍隊が「ギャップ国家」群を支配することによって、アメリカの世界覇権による一極支配体制が長期間続く、というきわめて楽観的な戦略論である。

筆者は当時、バーネットの講演を聞きに行ったことがあるが、彼のあまりにも野心的で楽観的な〝バラ色の世界統治理論〟を聞いていて、頭がクラクラしてしまった。「この男、国際政治の現実を知らないにも程がある」というのが、筆者の正直な感想であった。軽薄な駄洒落を飛ばしながら楽しそうに早口でペラペラと喋りまくるバーネットには、アメリカの軍人たちが複数の発展途上国で長期的なゲリラ戦を闘い、複雑な宗教紛争や部族闘争に巻き込まれながら〝国家建設〟を行うのがどれ程困難な仕事であるか、という現実認識がまったく欠けていたのである。

トム・バーネットは、ハーバード大学で政治学の博士号をとった人物である。大学院における彼の専門はマルクス主義哲学とソ連共産党の理論史であった。〝軍事戦略家〟バーネットは過去五百年間の国際政治史をほとんど勉強しておらず、国際政治学の主流派であるリアリスト学派のパラダイム（思考パターン）にも無知であった。彼はアメリカの二〇〇三年のイラク侵略戦争とイスラエル軍による（国際法違反の）パレスチナ占領・レバノン占領を絶賛し、「アメリカは今後もイスラエルと緊密に協力して、多くのイスラム教諸国を強制的にレジーム・チェンジ（体制転換）できる！」と、自信たっぷりの態度で楽しそうに主張していた。筆者は、「これほどまでに軽率な男が、連邦議会とペンタゴンで〝評判の俊英戦略家〟ともて囃されているのは恐ろしいことだ」と背筋に悪寒が走る思いをした。

（アメリカの軍人の名誉のために付け加えておくが、米軍の将校には、「トム・バーネット？　あの男はクレイジーだ！」と強烈に反撥する者も多い。まともな判断力を持つ職業軍人は、「ギャップ国家のシステム行政官」などという奇妙な肩書きを付けられて、宗教紛争や民族紛争によって泥沼化している発展途上諸国を「近代的な国家に建設する仕事」を押し付けられたくないのである。）

二〇〇五年二月の国防戦略プラン、同年のＱＤＲ（四年毎に公開される国防政策レビュー）、二〇〇八年六月の国防戦略書、同年十月の米陸軍の「安定化作戦マニュアル（教練書）」、同年十二月の国防政策指令書、二〇一〇年二月のＱＤＲ等においても、アメリカ軍が世界各地で反米ゲリラ組織と戦闘する能力と国家建設能力を備えるべきことが繰り返し強調されている。例えば二〇〇八年六月の国防戦略書（National Defense Strategy）によれば、「たとえイラクとアフガニスタンにおける現在の戦争が終了しても、途上国における反米的な宗教グループやテロ組織との争いは、今後も長期間続くであろう」と述べられており、「これらの非正規的・非対称的な戦争を闘うことが、米軍の最優先事項である」という。これらの非正規的戦争は、「冷戦時代の共産陣営との闘いよりも多元的であり、多数の戦域を持つ複雑多岐な戦争」なのだという。

二〇〇八年十月の米陸軍の「安定化作戦マニュアル」（Stability Operations: Field Manual）では、「犯罪、テロリズム、宗教紛争、民族紛争等によって不安定化している脆弱国家と破綻国家が、アメリカの国家安全保障にとって最大の脅威となっている」と記述されている。今後の米陸軍にとって、脆弱国家や破綻国家で安定化作戦を行って国家建設作業を実行することが、「伝統的な通常戦争を闘う役割よりも、大切な任務となる」と述べられている。この「安定化作戦マニュアル」の主筆者であるスティーブ・レオナード中佐は、「脆弱国家では犯罪、テロ、民族紛争等が発生し易く、これら諸国からの脅威こそ、今後のアメリカが最も怖れるべき脅威である」と主張している。ゲーツ前国防長官は非正規的戦争の重要性を力説するペトレアス大将（現CIA長官）のような陸軍将校を贔屓にして、彼らを優先的に昇進させてきた。

（しかし米陸軍の少将～大将レベル高官の過半数は、内心、「脆弱国家・破綻国家における安定化作戦や国家建設など、現地の政治的な情勢に翻弄される泥沼の作業だ。米陸軍は、そのような軍事作戦に深入りすべきではない」と考えている。その一方、米海軍将校の多くは、「ゲーツ長官はイスラム教諸国との非正規的な戦争に没頭し、中国の大軍拡を軽視してきた」という不満を持っている。元海軍省長官で現在は連邦上院議員のジム・ウェッブも、「最近十年間のアメリカは、国際政治にとって重要性の低いイスラム教諸国との闘争に精力を費やし、それよりもはるかに重要な中国の台頭を無視してきた」と、民主・共和両党の国防政策を批判している。）

■ほくそ笑む「中朝露」

冷戦後のアメリカがイスラム教諸国との長期のゲリラ戦の泥沼に巻き込まれてきたことを世界で最も喜んでいるのは、中国・ロシア・北朝鮮であろう。これら三ヵ国にとっては、アメリカがその軍事力・財政力・国際政治力を、イスラム教諸国における長期的なゲリラ戦で浪費すればする程、自国にとってのバランス・オブ・パワー情勢が有利になるからである。イスラム教諸国との長期戦で国力を消耗し、身動きがとれなくなった米政府は、これら三ヵ国に対して宥和的な政策を採らざるをえなくなったからである。

米政府は二〇〇四年以降、イスラム教諸国において「長期的な対ゲリラ戦を継続し、親米的な傀儡政権を樹立する」という世界戦略を選択した。しかし、スコウクロフト、ブレジンスキー、ハンティントン、ミアシャイマー等が指摘してきたように、この新しい戦略は、明らかに誤りであった。戦争や戦闘は「勝てば良い」というものではないからである。勝たない方が良い戦争や戦闘も多いのである。世界各地で長期的なゲリラ戦を継続するのは――たとえ米軍が、これらのゲリラ戦にすべて最終的に勝利したとしても――アメリカの国益にとって、そしてアメリカの一極覇権戦略にとって、マイナスとなるだろう。

孫子は約二千五百年前、「久しく師を暴《さら》せば、すなわち国用《こくよう》足らず。兵、久しうして国に利ある者、未だこれ有らざるなり。善く兵を用いる者は、役、再籍せず」と述べている。（現代語訳：軍隊を長期間、戦場にさらしておけば、国家財政が破綻する。戦争を長く続けて国益になった、という例はない。兵隊をよく使うためには、何度も戦争しないことだ。）二千五百年前も現在も、長期的な戦争は――たとえ、それらの戦争にすべて勝った場合でも――真の国益にならないことが多いのである。

ついでにもう一つ、孫子の非常に有名な言葉を紹介しておきたい。

「上兵は謀を討つ。その次に交を討つ。その次は兵を討つ。その下は城を攻む。この故に、百戦百勝は善の善なるものに非ず。戦わずして人の兵を屈するは、善の善なるものなり」。(現代語訳：最も良い戦争の仕方は、敵の戦略を挫折させることである。その次に良い戦い方は、敵の外交関係や補給関係を断つことである。その次に良いのは、敵兵と対等な条件で戦うことである。最も下手な戦争法とは、敵側に有利な場所で戦争することである。したがって百戦百勝するのは、良い戦い方ではない。戦わずに自国が優越した立場を占めるように立ちまわるのが、最上の戦い方だ。)

ブッシュ(息子)政権やオバマ政権のように反米的なイスラム教諸国にわざわざ攻め入って軍事占領し、敵側のホーム・グラウンドで長期的なゲリラ戦争を継続するのは、「その下は城を攻む」行為である。アメリカが圧倒的に優越した軍事力を行使して、今後、そのようなゲリラ戦に百戦百勝したとしても、孫子は、「百戦百勝は善の善なるものに非ず。戦わずして人の兵を屈するは、善の善なるものなり」とのたまうだろう。

それともアメリカの政治家、軍人、国務省官僚は、米軍がイスラム教諸国における泥沼化したゲリラ戦に「百戦百勝」すれば、「アメリカによる、世界の一極支配体制が完成する」とでも想像しているのだろうか？

ネオコン、ネオリベラル、イスラエル・ロビー三勢力に煽動されたアメリカの政治家たちが、中近東、北アフリカ、東アフリカ、中央アジア、南西アジアのイスラム教諸国で長期間のゲリラ戦を継続してきたことは、アメリカの国力の巨大な浪費となっている。オサマ・ビン・ラディンが宣言したように、イスラム教原理主義ゲリラの戦略的な目標は、「アメリカをイスラム教諸国における長期の泥沼戦争に引きずり込み、国力を浪費させ、アメリカ経済を疲弊させる」ことなのである。（ビン・ラディンは二〇一一年春、米軍特殊部隊に射殺された。しかし彼は、「アメリカの国力を巨大に浪費させる」という戦略目標を実現することに成功した。）

米軍が個々の戦闘においてイスラム教ゲリラ戦士を徹底的に殺戮し「百戦百勝」しても、アメリカによる長期的な世界支配と国際構造の一極化にはつながらない。ケナンやスコウクロフトが説いたように、賢明なバランス・オブ・パワー戦略とは、発展途上諸国におけるゲリラ戦や国家建設の作業に巻き込まれることを最初から避ける戦略なのである。二〇〇四年から二〇一〇年にかけて、ブッシュ・オバマ両政権が非正規的戦争を最重視する国防戦略を選択したのは、明らかな失策であった。

第5章　アメリカ人の〝ミリテク・フェチ〟現象

■タカ派もリベラル派も共鳴する

アメリカの一極覇権戦略の説明の最後に、筆者が「ミリテク・フェチ」と名づけている、アメリカ人のミリタリー・テクノロジーに対する奇妙なフェティシズム（盲目的な崇拝、変態的な愛着）について説明しておきたい。一極覇権戦略に対するアメリカ人の自信過剰には、この「ミリテク・フェチ」現象が潜んでいることが少なくないからである。（日本の親米派言論人にも、アメリカ人のミリテク・フェチ現象をそのまま猿真似して喜んでいる人が多い。）

ミリテク・フェチとは、「アメリカの最新鋭の軍事テクノロジーは世界無比だ、無敵だ。世界の誰もアメリカに挑戦できない。我々は世界中の諸国民を、核ミサイルを使って三十分以内に大量に核虐殺する巨大な殺傷力を持っている。我々は地球の反対側の山の中に隠れているゲリラ戦士を、北米大陸で遠隔操作する無人爆撃機から発射する精密誘導弾を使って、クリーンにシャープにインスタントに、まるでビデオ・ゲームを楽しんでいる時のように瞬時に殺害することができる。アメリカのミリテクに敵うものは世界に存在しない。アメリカの外交政策に逆らう者は、アフガン人であろうがイラン人であろうがパレスチナ人であろうが、容赦しない。アメリカの圧倒的に優越したミリテクを使うことによって、我々は他国の軍隊と政府機関をあっという間に破壊（もしくは麻痺）させ、レジーム・チェンジを実行する能力を持っている。

今やアメリカこそ、歴史的に前例のない無敵の世界帝国なのだ！」という思考パターンのことである。

アメリカの軍人だけでなく、政治家、外交官、弁護士、金融業者、マスコミ人にも、このような考え方をしている者は多い。ブッシュ（息子）、ラムズフェルド元国防長官、ウォルフォウィッツ元国防副長官のような共和党右翼だけでなく、民主党の「リベラルな政治家」や「進歩的なインテリ」の中にも、内心ではアメリカとイスラエルの優越したミリテクを崇拝し、「アメリカやイスラエルに逆らう奴は、容赦するな。我々の圧倒的に優越したハイテク兵器を使うことによって、我々は他の諸国をあっという間に屈服させてみせる」と考えている者は多い。

（民主党側の「ミリテクを崇拝するネオリベラルな覇権主義者」とは、クリントン夫妻、ゴア元副大統領、オルブライト元国務長官、ルービン元財務長官、サマーズ元財務長官、ペリー元国防長官、ジョセフ・ナイ元国防次官補、上院議員のケリー、シューマー、ファインスタイン等である。）

■「核フェチ」の誕生

十九世紀からアメリカの戦争のやり方は、優越した軍事技術と大量の武器弾薬に頼ることが多かった。量的・物理的に優越した兵器と弾薬によって敵の軍隊を圧倒し、徹底的に粉砕してしまおうとする戦争パターンである。ヨーロッパの名将——例えばナポレオン、モルトケ、シュリーフェン、ロンメル——のような戦術的ブリリアンス（才気、きらめき）を感じさせないのが、アメリカの典型的な戦争方法であった。過去二百年間の米軍によるアメリカ・インディアン、フィリピン人、日本人、朝鮮人、ベトナム人等の大量殺害行為は、「敵軍と敵性国民を物理的に消滅」させてしまおうとする「アメリカ的な戦争」なのであった。

最新の軍事技術と兵器の大量生産を信奉するアメリカは、一九五〇年代から八〇年代にかけて、軍事的な視点からはまったく不必要な核兵器の大量配備に熱中していた。米空軍とランド研究所——米軍が設立した軍事政策シンクタンク——の戦略家たちは、実際の戦争に使えるわけでもないのに、何万発もの核弾頭を製造して「実戦用に配備する必要性」を主張していたのである。

米軍はすでに一九五〇年代から、ソ連・東欧の諸国民を何度も繰り返し核殺戮し、ソ連の重要な軍事基地と産業施設を何十回も破壊することが可能な核戦力を所有していた。それにもかかわらず一九八〇年代の中頃になっても、「我々は、より精確で巨大な破壊力を持つ最新型の多弾頭核ミサイルを、もっと大量に配備する必要がある」と主張していた国防総省の思考パターンは、まさに〝ニューク・フェチ〟（核兵器フェティシズム）としか表現しようがないものであった。

ここで少し、核戦略に関して私見を述べたい。筆者は一九八〇年代の中頃から、「日本は、必要最小限の自主的な核抑止力を持って自主防衛すべきだ」と考えてきた核保有論者である。筆者はこのことを、アメリカのテレビ政治討論番組や米軍幹部と国務省官僚を聴衆とする講演会の場でも、率直に主張してきた。しかし筆者が支持してきた核戦略理論とは、「どの国も、潜水艦に分散して搭載しておく二百発程度の核弾頭を持てば、それで十分な戦争抑止力として機能する。それ以上の核弾頭を所有することは無駄である」というミニマム・ディテランス戦略である。ケナン、ウォルツ、ブローディ（イェール大）、ジャービス（コロンビア大）、ウォルト、ミアシャイマー等はミニマム・ディテランス派である。英仏両政府も、ミニマム・ディテランス戦略を採用してきた。

冷戦時代、実際に使える訳でもないのに何万発もの核弾頭を製造し、実戦用に配備していたアメリカとロシアの軍人の思考パターンは、異常なものであった。

核戦略理論においてミニマム・ディテランス戦略と対立してきたのが、「数千発の核弾頭を実際に撃ち合うことによって核戦力の優劣を決めることは可能である」と主張するカウンター・フォース戦略である。しかし、いかなる国の指導者も、「数百〜数千基の核ミサイルを実際に撃ち合って、戦争の決着を着ける」などというグロテスクな核戦争プランを実行するはずがない。そのような核戦争を実行して「勝利」しても、自国の国益に巨大な――壊滅的な――

ダメージを与えるだけだからである。

ケネディ・ジョンソン両大統領の安全保障政策補佐官を務めたマクジョージ・バンディ（ハーバード大学長）は、「アメリカの指導者は、自国の都市にたった一発の核弾頭が撃ち込まれる可能性を想像するだけで、足がすくんで核戦争から逃げ出してしまうだろう。お互いに数百基の核ミサイルを撃ち合うというカウンター・フォース戦略には、何の現実性もない」と語っている。一九六〇～八〇年代に米空軍の最高幹部、シュレジンジャー国防長官、ワインバーガー国防長官、イクレ国防次官、ネオコン論客のウォールステター（ランド研究所）、ウォルフォウィッツ元国防副長官、フランシス・フクヤマ等が提唱していたカウンター・フォース戦略は、現実性に欠けた〝狂気の沙汰〟の核理論であった。

〝親日派〟を自称するアーミティッジ元国務副長官やジョセフ・ナイ元国防次官補は、二十一世紀になってもカウンター・フォース戦略の（屁）理屈を口にして、「アメリカは中国よりも大量の核兵器を所有している。米中が核戦争すれば、アメリカが優位に立つ。したがって日本は、アメリカの『核の傘』に頼ることができる。日本が自主的な核抑止力を持つ必要はない」と主張している。

しかしサミュエル・ハンティントンやターナー元ＣＩＡ長官がはっきりと指摘したように、〝米政府が、日本人を守るために中国やロシアと核ミサイルの撃ち合いをする〟という核戦争のシナリオは、最初から現実性に欠けたシナリオである。アーミティッジ、ナイ、ライス前国務長官等が日本人に対してこのような架空の核戦争シナリオを主張するのは、「中朝露三ヵ国の核ミサイルのターゲットとなっている日本人にだけは、核を持たせたくない。日本が自主防衛能力を持つことを阻止したい」という理由があるからである。

日本の自衛隊幹部、防衛省・外務省の官僚、保守派の国際政治学者には、自分自身で欧米の著名な核戦略理論家の著作や論文集を原典できちんと読み、その内容を明瞭に理解したわけでもないのに、米軍の提唱してきたカウンター・フォース戦略の理屈をそっくりそのまま猿真似している人が少なくない。彼らの知的怠惰と思考力の欠如は、過去半世紀間の日本の戦略思考に大きなダメージを与えてきた。

■軍事革命は三度起こった

一九四五年から八〇年代まで「ニューク・フェチ」ぶりを発揮していたアメリカは、最近二十年間、「RMAフェチ」になっている。RMAとは軍事革命（Revolution in Military Affairs）の略称である。これは、「IT（情報技術）と精密誘導兵器を組み合わせることにより、軍事戦略と戦術に革命的な変化が起きた」と言われている現象のことである。

実は、「軍事革命」と呼ばれる現象は、このRMAが最初のものではない。最近百年間に

「軍事革命」は三回起きている。

最初の軍事革命は、第一次世界大戦時から始まった「戦争の機械化」であった。十九世紀的な歩兵と騎兵による戦闘から、戦車・戦闘機・爆撃機等を使用することによって軍事的な破壊力を飛躍的に増大させたのが、第一次軍事革命である。この軍事革命により、国家の技術力と工業生産力が諸国間の軍事力バランスに重要な意味を持つ事態が生じた。民間人と民間経済を巻き込む「国家同士の総力戦」という戦争形態が生じたのも、この第一次軍事革命のためである。

第二次軍事革命は、核兵器とミサイルの出現である。この革命により「核ミサイルを使うことによって、地球の反対側に住む敵国の国民の過半数を、三〜四十分以内に核殺戮できる」というグロテスクな事態が生じた。ギリシャ・ローマ時代から十九世紀までの戦争には「個々の武士や騎士の、戦場における武勇と潔さを讃える」といういささかロマンティックな要素が残っていたが、核ミサイルの出現により、戦争行為から一切のロマンティシズムが消滅してしまった。

この第二次軍事革命は、世界諸国のグランド・ストラテジー構想に対して巨大な影響を与えた。これは非常に重要なポイントである。長期間、海外に住んでいる筆者が日本国内の国防議論を観察していると、「日本人は未だに、第二次軍事革命が持つ戦略的な意味を理解していないなぁ」と感じることが多い。日本は世界で唯一、二度も核戦争犯罪の犠牲となった国である。それにもかかわらず日本の反核左翼と親米保守派のほとんどが、「第二次軍事革命が持つ意味」を理解していないのである。（このような左翼と保守派の知的怠慢は、核戦争犯罪の犠牲となった日本の婦女子に対する冒瀆行為ではあるまいか？）

この「第二次軍事革命が持つ意味」とは、「必要最小限の自主的な核抑止力を持つ諸国間における、軍事バランスの均等化」現象のことである。

具体的に説明すると、敵国からの先制核攻撃によって破壊されない数十発の核弾頭——潜水艦に分散して搭載しておく数十発の核弾頭、もしくは山中のトンネルや地下軍事施設に分散して秘匿しておく数十発の核弾頭——を所有している軍事小国は、数万発の核弾頭を持つ軍事超大国に対抗できる、という現象である。アメリカのように一極覇権構造を構築しようと企んでいる自己陶酔的なミリタリー・スーパーパワーでさえ、自国が先制攻撃をかけ、それに対する報復としてたった一発の核弾頭を自国の大都市に撃ち込まれる可能性を予測するだけで、先制攻撃をかける意欲をなくしてしまうのである。

これは過去三千年間の国際政治において初めて発生した、ショッキングで画期的な事態である。敵国からの先制攻撃によって破壊されない——つまり、報復核攻撃に使用できる——十発程度の核弾頭を所有している極貧の小国は、数百倍の軍事予算を持つ世界一の超大国に対して、堂々と真正面から「NO！」と言えるのである。第二次軍事革命以前の国際関係では、このような事態は決して発生しなかった。

この「第二次軍事革命が持つ意味」をきちんと理解すれば、何故、クリントン政権とブッシュ（息子）政権が同盟国である日本の国益を無視して――時には裏切って――核武装した中国と北朝鮮に対して宥和と譲歩を繰り返す外交政策を続けてきたのか、という理由が理解できる。アメリカの対日支配政策によって非核状態に置かれている日本は、「NO！　と言えない日本」である。しかし核武装した中国と北朝鮮は、「NO！　と言えるチャイナ」であり、「NO！と言えるコリア」である。アメリカ政府が、中国の軍拡問題と北朝鮮の核兵器増産問題・拉致問題に関して、日本の国益に大きなダメージを与える譲歩を繰り返してきたのも、この「第二次軍事革命が持つ意味」のためである。

（二〇〇六年秋、北朝鮮が最初の核弾頭の実験を行った途端に、ブッシュ政権は――日本政府の抗議を無視して――北朝鮮に対して露骨な宥和政策を採り始めた。アメリカは北朝鮮に対する経済制裁を解除し、「北朝鮮の核兵器製造施設に対する査察を要求しない。北朝鮮の所有するウラン濃縮施設の存在を議題に載せない」という非常識な条件をつけて、米朝国交正常化へ向けた二国間協議を始めた。現オバマ政権も前政権と同様、北朝鮮の核弾頭増産を実質的に黙認する政策を実行している。

東アジア地域において日本だけを「NOと言えない非核国」という不利で危険な立場に置いておこうとするのが、「日本と自由主義・民主主義の価値観を共有する」米政府の対日政策なのである。筆者は、国務次官補やペンタゴンの日本部長から、「たとえ中国人や朝鮮人がどれほど多くの核ミサイルを増産しても、日本人にだけは核を持たせない。米政府は、日本の自主防衛政策を阻止する」と言われた経験がある。優秀な戦略家であるウォルツ、ミアシャイマー、レイン等は、このような対日政策が不正であり不道徳であることを、明確に指摘してきた。）

■肥大するハイテク戦争

一九七〇年代から技術開発が始まり、一九九一年の対イラク戦争の成功によって顕在化したのが、RMA（Revolution in Military Affairs）と呼ばれる第三次軍事革命である。これはIT技術と精密誘導兵器を組み合わせることによって、「軍事攻撃の精緻化・迅速化・柔軟化・効率化」を達成しようとする軍事革命であった。

巨大な破壊力——巨大すぎる破壊力——を持つ核兵器が、本質的に「戦争を抑止するために持つ兵器であり、実際の戦争で使うための兵器ではない」（著名な核戦略家、バーナード・ブローディ）という特徴を持つのに対して、この第三次軍事革命の主役であるIT化した精密誘導兵器は、「何時でも何処でも、即座に使える超便利なピンポイント（精緻）攻撃力」という特徴を持っている。一極覇権世界の実現を目指していた一九九〇年代のアメリカ帝国にとって、このＲＭＡ（軍事革命）兵器の実用化はまさに〝絶好のタイミング〟であった。地球全体をカバーする軍事衛星ネットワークの完成とＩＴ（情報技術）を活用する精密誘導兵器の組み合わせによって、反米諸国に対する軍事攻撃が極めて容易になった――より正確に表現すると、「極めて容易になった」という錯覚を起こさせた――からである。

ＲＭＡの中核はＣ４ＩＳＲ――Command, Control, Computer, Communication, Intelligence, Surveillance, Reconnaissance――と呼ばれるＩＴ機能にある。軍事衛星、無人偵察機、各種センサー、高性能レーダー等によって敵の動きを瞬時に察知し、コンピューターとソフトウェアによってこの情報を即座に処理し、巡航ミサイルや精密誘導弾を使って敵を一瞬のうちに「消滅」（もしくは麻痺）させることができる、という「ＩＴ化した戦争」「ＩＴ化した武力干渉」が、ＲＭＡなのである。

まるでビデオ・ゲームを楽しんでいるように「クールなタッチ」で、世界中の〝アメリカの敵〟や〝イスラエルの敵〟を、「何時でも何処でも瞬時に攻撃し、いくらでも思い通りに殺害できる」のである。もともとミリテク・フェチ傾向の強いアメリカ人が、〝ＲＭＡ兵器を活用することによって、アメリカの世界支配能力が格段に向上した〟と自惚れて、傲慢かつ自信過剰になったのにも、それなりの「軍事的な根拠」があったのである。

ＲＭＡ提唱者たちが特に強調したのは、「核ミサイルや戦略爆撃機による攻撃と違って、ＲＭＡ兵器による戦争は、一般市民を大量殺害せずに敵国の中枢部だけを迅速に破壊できる」という点であった。ウォルフォウィッツ元国防副長官やファイス元国防次官の主張によれば、ＲＭＡによる戦争は、「戦争プランの企画が容易で、予測可能性が高く、大量のアメリカ兵を動員する必要がないから効率的で低コストである。しかも敵国の民間経済に大きなダメージを与えることなく指導者層だけをターゲットとして破壊できるから、レジーム・チェンジ（体制転換）が容易である」。つまりＲＭＡ戦争とは、シャープでクリーンで限定的で、あっと言う間に終わってしまう〝素敵なハイテク戦争〟なのである（笑）。

（一九九一年から二〇〇四年にかけて、ネオコン、ネオリベラル、イスラエル・ロビーの三勢力は、米政府がＲＭＡ兵器を活用することによって、アメリカ・イスラエル両国にとって都合の悪いイスラム教諸国を、〝次から次へとレジーム・チェンジできる！〟と本気で信じていた。一極覇権の幻想に酔う帝国主義者たちの軍事力に対する過信は、常軌を逸していた。日本の自衛隊幹部と親米派の言論人たちも、この一極覇権幻想をそっくりそのまま盲信していた。）

二〇〇三年四月、初期のイラク占領に「大成功」したブッシュ（息子）大統領は、彼の側近によると、「俺はチャーチルに匹敵する歴史上の大人物だと錯覚して、ひたすら舞い上がっていた」。ブッシュはミズーリ州セントルイスにおいてＲＭＡ戦争を絶賛するスピーチを行い、

「精密な空爆による効果で、敵軍は組織と抗戦力を喪失した。精密誘導弾による攻撃は、敵の指揮系統を麻痺させた。今や我々は、アメリカの創造性に富む新戦略と最新のハイテク兵器によって、我々に都合の良いように戦争を再定義することができるのだ！」と勇ましく宣言したのである。

同じ頃、アメリカのマスコミでは、ホワイトハウスとペンタゴンからのリークとして「イラクをあっと言う間に制圧した米軍の、次のレジーム・チェンジのターゲットはシリアだ。その次のターゲットはイランだ」というニュースが流された。タイミングを合わせるかのようにイスラエル政府からも、まったく同じ内容の情報がリークされていた。RMA戦争の「大成功」に酔っぱらっていたアメリカ・イスラエル両政府は、「我々に逆らうイスラム教諸国は容赦しない！　敵性国のレジーム・チェンジは朝飯前だ！」と自惚れていたのである。

■クラウゼヴィッツはこう語った

しかし、すべての軍人や戦略家が、ブッシュ大統領やネオコン族のような「RMAフェチ」になったわけではなかった。ベトナム戦場で武勲を挙げ、陸軍大佐から国際政治学者に転身したアンドリュー・ベーセビッチは、RMAの「革命的な威力」に対して懐疑的であった。彼はRMAのアメリカ外交に対する影響を、次のように記述している。

「ＲＭＡの実現によりアメリカは、〝我々は、何時でも何処でも容易に軍事力を行使できる〟と感じるようになった。ＲＭＡ兵器の即時性・精密性・限定性・効率性によって、米政府は、〝冷戦後の世界一極体制を、何時までも維持できる〟と思い込むようになった。アメリカに挑戦しようとする国やアメリカ外交の命令に従おうとしない国を、〝我々は、即座に屈服させることができる〟と考える癖がついた……世界諸国に対するアメリカの軍事介入をこのように安易に考えてしまう態度は、戦略論の視点からは〝実に奇怪だ〟と言うしかない」(New American Militarism)

インドシナ半島におけるゲリラ戦争の困難性と予測不可能性を実際に体験し、多数の部下と自分の長男を戦場で失う悲劇を味わったベーセビッチは、ウォルフォウィッツやパール元国防次官補やニューヨーク・タイムズ紙のトム・フリードマンのように、兵役を避け、実戦に参加した経験がゼロであるにもかかわらず、尊大な態度で安易な軍事介入を主張してきたネオコンやネオリベラルの言論人に対して、鋭い不信感を抱いている。

ベーセビッチと同様にウェスト・ポイント（陸軍士官学校）の卒業生である国際政治学者のジョン・ミアシャイマー（シカゴ大学）も、二〇〇五年の講演でＲＭＡのことを「過大評価された軍事理論だ」と批判している。

「ネオコン達は、ＲＭＡ兵器と小型で敏捷な米陸軍部隊を使うことにより、アメリカはあっと言う間に戦争に勝てると思い込んでいる。彼らのイマジネーションによれば、米軍は眼つきの鋭い鷹のような存在なのだ。米軍は、敵を見つけると高い空から瞬時に舞い降りてきて敵を始末し、あっと言う間にレジーム・チェンジする。そして再び空に舞い上がり、次の敵を探す。その結果、世界中の国が米軍の威力の前で怖れ慄き、アメリカの命令に従うようになる、という訳だ。

しかし現実の国際政治は、そんな簡単なものじゃない。ソ連軍は、RMAがなくてもアフガニスタンを占領できた。イスラエル軍も一九八二年、RMAを活用せずにレバノンを占領した。今回の米軍によるイラク占領も、RMAを使わなくても実行できた。しかし本当に重要なことは戦争に勝つことではなく、〝勝って占領した後に、どうするのか？〟ということなのだ。RMA兵器を占領地における対ゲリラ作戦に使用しても、その効果は限られている」

ベーセビッチやミアシャイマーは、保守的なリアリストである。これらの保守派がアメリカ政府の〝RMA信仰〟を批判してきたのは、RMA信仰に基づく安易な戦争観が、孫子やクラウゼヴィッツの説いた戦略論の本質に反しているからである。孫子とクラウゼヴィッツにとって、戦争に勝つこと自体はそれほど価値のある行為ではなかった。彼らにとって戦争や武力行使は、「政治的な価値と目的を実現するための手段」でしかなかった。冷戦後のアメリカのように、国家の指導者層の構想したグランド・ストラテジーが間違ったものである場合、RMA

兵器を頻繁に使って個々の戦争にすべて勝ってみせても、そんな「連戦連勝」には永続性のある戦略的な価値がないのである。

クラウゼヴィッツは『戦争論』において、こう述べている。

「政治的目的こそが最も大切であり、戦争は（その目的を達成するための）手段にすぎない。政治的な目的が欠けている場合、戦争という手段を使ってはならない……戦争の真の目的は、自国にとって有利な政治的状況を作り出すことにある。単に敵軍を物理的に破壊することは、戦争の真の目的ではない」

このクラウゼヴィッツの思考は、すでに紹介した孫子の「百戦百勝は善の善なるものに非ず。戦わずして人の兵を屈するは、善の善なるものなり」と同じである。戦争に勝つこと自体は、最も重要な行為ではない。戦争とは、政治的な価値と政治的な目的を実現するための単なる手段、単なるプロセスでしかない。

一九三〇年代の日本帝国陸軍は、中国大陸における戦闘に連戦連勝していた。しかし当時の日本の指導者層には、「どのような政治的価値と目的を実現するため、我々は中国大陸で戦争を続けているのか」という洞察力を備えたグランド・ストラテジーが欠けていた。RMA兵器を大活用している二十一世紀のアメリカも、一九三〇年代の日本と同じである。米軍はイスラム教諸国における戦争と戦闘に、連戦連勝している。しかしアメリカは連戦連勝することによって、国際政治において一体どのような政治的価値と目的を実現するつもりなのだろうか？　ＲＭＡを使ってイスラム教原理主義のゲリラ戦士をすべて殺戮すれば、それによって世界中のイスラム教諸国が「平和を愛する民主主義国」となり、アメリカやイスラエルの一方的な命令にひたすら服従するようになる、とでも期待しているのだろうか？

孫子、クラウゼヴィッツ、アイゼンハワー、ケナン等の賢人たちは、「とにかくＲＭＡを使って、反米的な諸国を叩き潰せ！」というネオコンやネオリベラルの安易な戦争観に賛成しないだろう。

第6章　世界は多極化する――中・印・露の台頭

■国家のサバイバル戦略とは？

本章では、「アメリカの一極覇権戦略は失敗であった。二十一世紀の国際構造の多極化は、不可避である」という事情を説明したい。

国際構造の「一極」や「多極」に関する議論について、読者の中には次のような疑問を感じる方もおられるだろう――「国際構造の多極化とは、日本の外交政策と国防政策にとってそれほど重要なことなのだろうか？　国際構造が『一極』であろうが『二極』であろうが『多極』であろうが、どうでも良いことではないか？　国際構造の『極の数』に関する議論など、国際政治学者や外交評論家がもてあそんでいる、もっともらしい屁理屈にすぎないのではないか？」

しかし現実の国際政治と国際経済では、この「国際構造の極の数」に関する議論は〝役に立たない空理空論〟や〝もっともらしい屁理屈〟ではない。それどころか、この「極の数」に関する議論は、日本国のサバイバル（生き残り）に直結する重要性を持つ、極めて重要な問題なのである。以下にその理由を説明したい。

過去三千年間の国際政治において、世界政府は一度も存在しなかった。世界立法院や世界警察軍も存在しなかった。軍事的強国が弱小国を攻撃したり、占領したり、残酷な戦争犯罪行為を実行したりしても、世界政府や世界警察軍がその軍事強国を処罰し、弱小国を保護してくれるわけではなかった。つまり過去三千年間の国際関係は、本質的には無政府状態だったのである。「勝てば官軍、負ければ賊軍」、そして「戦勝国が一方的に主張する正義」が「正しい歴史解釈」として通用してしまうのが、国際政治の常態であった。

二十一世紀になった現在でも、米・中・露・イスラエル等の軍事強国は国際法違反の侵略や戦争犯罪行為を繰り返しているが、その侵略と戦争犯罪を国連安保理や国際裁判所で制裁されていない。二十一世紀の国際社会も本質的には、「軍事力・政治力の強い国は、何をやっても処罰されない」という無政府状態なのである。アメリカの国際法違反のイラク侵略やアフガニスタン・パキスタン・イエメン等における民間人の殺害、ロシアのグルジア侵略やチェチェン民間人の殺害、イスラエルによるレバノンとパレスチナの民間人殺害と領土窃盗、中国によるチベット・キルギス・ウイグルの民間人殺害と領土窃盗行為等は、国際社会において何の制裁も受けていない。いわゆる「国際裁判」で処罰されてきたのは、セルビアのような敗戦国やルワンダのような弱小国だけであった。

この「国際政治の本質的な無政府性」という理由のため、過去三千年間の国際関係において国家が生き残るためには、「天は自ら助くる者を助く」という自助努力が原則であった。そのためいかなる国も、他国と競争して自国の生存を確保するためのグランド・ストラテジーを必要としてきた。国際環境の変化に適切に対応するグランド・ストラテジーを持たない国（持てない国）は、国家間の競争に負けて衰退したり、近隣の覇権国に吸収されたり、消滅したりした。（国際政治学者の計算によると、過去二世紀間で他国からの攻撃や侵略によって併合されたり消滅したりした国は、五十一ヵ国あるという。二百年のタイム・スパンで見ると「国家の死亡率は、二四％」であるという。）

そして、国家のサバイバルを確保するためのグランド・ストラテジーは、その国がどのような国際環境に置かれているか——国際構造が一極なのか、二極なのか、多極なのか——という条件によって決められることが多いのである。

もし現実の国際政治においてアメリカ——もしくは将来の中国——を中心とする世界一極構造が本当に実現するのなら、日本のグランド・ストラテジーは、その一極構造を創って世界を支配するスーパー・ヘゲモン（超覇権国）と「協調外交」——時には朝貢外交、隷属外交——していく以外に、選択肢はない。国際構造が一極化した場合、十六〜十九世紀の国際政治に見られたような伝統的なバランス・オブ・パワー外交を実践する余地はなくなるからである。（しかし過去三千年間の国際政治で、「世界の一極化」は一度も現実化しなかった。どこか特定の国が「一極覇権」を実現しようとすると、かならず他の諸大国がその企てを妨害し、阻止する、というのが、過去三千年間に何度も繰り返されてきた国際政治のパターンであった。国際政治というのは、本質的に「嫉妬深い」性格なのである〔苦笑〕。)

一九四七〜八九年のように国際構造が明確に二極状態であった場合も、日本が主体的にバランス・オブ・パワー外交を実行することは、かなり困難であった。この二極構造時代、フランス、中国、インド、ブラジル等は、米ソどちらの陣営にも組み込まれない独自の国家戦略を実現しようと努力したが、米ソの圧倒的な軍事力に阻まれて、なかなか思い通りの外交政策を実行することができなかった。世界が二極構造の場合、二覇権国（超大国）以外の国のグランド・ストラテジーは、強い制約を受けるのである。

（ただしこの二極構造は四十三年間しか続かなかった。過去三千年間の国際政治史において、世界が明確に二極化したのは、この四十三年間だけであった。今後百年間の国際政治において、このように特異な二極構造がもう一度出現する可能性は低い。）

二十一世紀の国際政治において、アメリカや中国だけが世界を独占的に支配しようとする一極構造の実現が不可能であり、冷戦時代の二極構造がもう一度復活する可能性も低く、中国、インド、ブラジル、トルコ等の台頭によって国際社会における経済力・軍事力の配分がますます多極化したものになっていくならば、日本のグランド・ストラテジーも、その多極化現象に対応したものにならざるを得ない。一九九〇年代初期から、キッシンジャー、ウォルツ、ホフマン、ミアシャイマー等の卓越したリアリスト派の戦略家たちが、「二十一世紀の国際政治は、十八〜十九世紀に似た多極構造になる。したがって世界の諸大国はもう一度、バランス・オブ・パワー（勢力均衡）外交のパラダイムを学習し直す必要がある」とアドバイスしてきたのは、そのためである。

（十八〜十九世紀のバランス・オブ・パワー外交とは、英・仏・露・オーストリア・プロシアの五帝国が、お互いの勢力をカウンター・バランス〔阻止・牽制〕しながら、国際関係の均衡を維持していた状態である。このバランス・オブ・パワー外交のため、世界の諸大国は——十九世紀初頭のナポレオン戦争を唯一の例外として——大規模な戦争を避けることができた。）

二十一世紀の多極構造においては、日本が敗戦後の対米依存体制をそのまま続けることは不可能となる。二極構造時代に「成功」していた単純な対米依存の外交・国防体制をそのまま続けていても、今後ますます多極化していく国際環境に対応できないからである。キッシンジャーやハンティントンが指摘したように、日本の外交政策・防衛政策・国際経済政策は、自主性と独立性を回復して、アメリカに過剰依存しない多角的な外交戦略を実行していく必要に迫られる。多極構造におけるバランス・オブ・パワー外交とは、二極構造における依存関係とはまったく別のものだからである。

しかし残念なことに日本の政界と言論界には、未だに二極構造時代と変わらぬ「護憲左翼」対「親米保守」という構造が残っている。日本の官僚、政治家、国際政治学者の多くは二十一世紀になっても、「敗戦後の日本は、アメリカに依存して生き延びることができた。アメリカに依存することによって経済的にも繁栄した。したがって日本は、今後も対米依存の外交・国防政策を続けていればよい。中国の巨国化と大軍拡に対しても、対米協力で対処すればよい」という単純な議論を繰り返している。（後に解説するように二〇二〇年代になると、アメリカは中東と東アジア地域を同時に支配し続ける能力を失う。日本の対米依存体制は「賞味期限切れ」となる。）

冷戦終了後、「世界一極化」を目指した米政府は、国際構造の多極化を止めることに失敗してきた。ブッシュ（息子）政権の〝世界に自由と民主主義を拡めるネオコン外交〟は、不必要な武力介入によって国際情勢を不安定化させ、多極化トレンドを加速化させただけであった。最近では米情報機関の公式報告書、National Intelligence Council：Global Trends 2025（二〇〇八年十一月）も、この多極化トレンドを明瞭に描写して「アメリカによる世界支配の可能性が消滅した」と明記している。

今後も多極化の流れが着実に進んでいく国際環境においては、日本が自主防衛能力を構築し、アメリカ以外の国とも同盟関係や協商関係の構築を進めていくことが不可避となる。最近二十年間、キッシンジャー、ウォルツ、ミアシャイマー、ハンティントン、レイン等が、「冷戦後の日本は、自主防衛能力を構築して独立国としてのバランス・オブ・パワー外交を実行する必要がある」と繰り返し指摘してきたのは、そのためである。

この意味において、「国際構造が着々と多極化している」という現実を論理的に把握しておくことは、「日本の外交政策・国防政策において、大きなパラダイム・シフトが不可避となった」ということを確認することにつながる（パラダイムとは、基本的な思考パターンのこと。パラダイム・シフトとは、今までの思考パターンをガラッと根本的に変える行為のこと）。「日米同盟基軸論」、「アングロ・サクソン同盟論」、「日米運命共同体論」等の単純な外交論は、前世紀に四十三年間続いた二極構造時代には、それなりの表面的な説得力を持つ議論であったが、二十一世紀の多極構造の世界においては、すでに有効性を失った議論である。

（「アングロ・サクソン同盟論」、「吉田ドクトリン」、「日米同盟基軸論」等は、冷戦期の二極構造においても本質的には間違った議論であった。〝自国の独立を自分で守ろうとせず、強そうな覇権国にひたすら依存する〟という国家戦略は、過去三千年間、自助努力を原則としてきたバランス・オブ・パワー外交の視点からは、軽率で無責任な政策だからである。

その意味において、日本国民に対して安易な対米依存政策を説きつづけた猪木正道氏、高坂正堯氏、佐藤誠三郎氏等の外交論は、間違った議論であった。二極構造時代に安易で単純な外交論を主張していたのは、『朝日』や『岩波』のような護憲左翼だけではなかった。親米保守派の依存主義の外交論も、安易で単純なものであった。過去六十年間の日本の外交論壇には、スパイクマン、モーゲンソー、ウォルツ、キッシンジャー、ハンティントンのような、深い思考力とシャープな現実感覚を持つリアリスト派の戦略家が存在しなかった。）

■多極化不可避、九つの要因

二十一世紀の国際政治の多極化が不可避である要因として、以下九つのものが挙げられる。

（1）すでに何度か指摘したように、過去三千年間の国際政治に繰り返して顕れた基本的なパターンとは、「ある特定の国が他の諸国を支配できる覇権を握ろうとすると、他の諸国が、その動きをカウンター・バランス（阻止・牽制）する」というものであった。「国際政治の基本的な行動様式は、バランス・オブ・パワー（勢力の均衡）である」と言われてきたのは、そのためである。

しかるに冷戦後の米政府は、「アメリカが世界覇権を握ろうとしても、他の諸国はそれに抵抗しない」もしくは、「世界諸国は、アメリカによる一極覇権体制の確立を歓迎している」というバラ色の仮説――御用学者のナイ、オルブライト、ライス等が提唱してきた仮説――のもとに、一極覇権戦略を進めてきた。このような独りよがりの覇権戦略が失敗し、国際構造が多極化してきたのは、当然の帰結であった。

（2）アメリカの経済力が今後も相対的に衰退していくこと。

アメリカのGDPは第二次大戦直後、世界経済全体の五割近くであった。しかし一九七〇年には三割に落ち、現在は約二割である。しかも二〇一一年から始まったベビーブーム世代の米国民（約七千八百万人）の引退のため、二〇一六年以降のアメリカの財政赤字・経常赤字は、急激に悪化していく。米経済の恒常的な過剰消費・過少貯蓄体質は、今後ますます悪化していく。

「二〇二〇年代の後半期になると米経済の世界経済におけるシェアは一五％以下になり、米ドルは国際準備通貨としての地位を失うだろう」と予測されている。経済力の相対的な衰退が続くアメリカが、世界を経済的・軍事的・政治的に支配する能力を失っていくのは、当然の帰結である。

（3）今後三十年間に起きるアメリカの人種構成の急激な変化。

米国勢調査局の予測によると、二〇二〇年代の中頃にアメリカの青少年の過半数は非白人になり、二〇四二年頃に、アメリカ人口の過半数が非白人になるという。この「白人の少数民族化」現象と、非白人（特にヒスパニック人口）の急激な増加は、アメリカの経済、社会、教育、犯罪、福祉等の諸政策に、非常に大きなインパクトを与える。

今後、国内の諸問題が「複雑化」かつ「深刻化」していくアメリカは、対外政策において、「アメリカが世界を支配する」というアグレッシヴな覇権戦略をギブ・アップせざるをえなくなる。アメリカの人種構成の急激な変化も、国際構造の多極化を進める原因となるだろう。

(4)冷戦後のアメリカの外交政策と軍事政策にみられる顕著な偽善性とダブル・スタンダードのため、アメリカ外交が知的・道徳的なクレディビリティ（信憑性）とレジティマシー（正統性、正当性）を失ったことも、国際政治の多極化を進める原因となっている。

最近の米外交の特徴となった偽善とダブル・スタンダードを批判してきたのは、反米的な傾向の強いロシア政府やイスラム教諸国だけではない。アメリカの外交論壇の保守派の賢人たち――ケナン、ウォルツ、ハンティントン、ホフマン、ミアシャイマー、スミス、カレオ、ベーセビッチ、ジャービス等――も、民主・共和両党の外交政策の偽善性とダブル・スタンダードを厳しく批判してきた。国際社会におけるクレディビリティとレジティマシーを失ってしまったアメリカは、「一極覇権」を掌握するのに必要なリーダーシップ能力を持たなくなったのである。

■中国の経済力が世界一になるとき

（5）中国の目覚しい台頭による国際構造の多極化。

ワシントンのシンクタンク、国際経済研究所の計算によると、二〇一〇年の中国の実質経済規模――為替レートで計算した名目GDPではなく、購買力で計算した経済規模。つまり、実際に生産し消費している財とサービスの総量――は、世界一になったという。IMFと世界銀行は、「二〇一五年か一六年ころ、中国の実質経済規模はアメリカを凌駕して世界一になる」と予測している。

中国経済は今後十年間、毎年平均七％のスピードで成長すると予測されており（IMF、OECD、世界銀行の予測）、二〇二〇年代に中国の経済力が世界最大となることは明らかである。国際経済研究所やノーベル経済学賞受賞者であるロバート・フォーゲル教授（シカゴ大学）の予測によると、二〇二〇年代後半期の中国の実質経済規模はアメリカの二倍になるという。中国は二〇一〇年、世界最大の輸出国となり、中国の外貨保有量と毎年の資本蓄積量も世界一となった。七世紀初めから一八三〇年ころまでの約千二百年間、中国経済は常に世界最大規模であった。現在の中国は、「世界一の経済規模」という伝統的なステータスを回復しつつある。

CIAの計算によると、米中両国は毎年、GDPの約四％を軍事費として支出している。二〇二〇年代に経済力が世界一となる中国は、世界一の実質軍事予算を持つ国になるであろう。

（オバマ大統領は二〇一二年一月、十年後の米軍事予算をGDPの二・七％までに減らす、と決定した。しかも米連邦議会は、二〇一四年以降の軍事予算をさらに削減させる予算案を準備している。その一方、中国の軍事予算は五年ごとに倍増している。）

今後、中国の経済と軍事予算が世界最大規模になれば、国際構造がますます多極化していくのは当然のことである。二〇二〇年代の東アジア地域のバランス・オブ・パワー環境は「中国優位、米国劣位」となる可能性が高い。

（6）ロシア外交が伝統的な帝国主義外交に戻り、一九八九〜九二年にソ連帝国が失った勢力圏を少しずつ回復しようとするグランド・ストラテジーを実行していることも、国際構造の多極化を進める要因となっている。

現在のロシア政府は、中央アジア諸国、白ロシア、ウクライナ、モルドバ、グルジア、コーカサス地域、黒海沿岸地域を、もう一度ロシアの勢力圏に編入しようと努力している。剛腕プーチンの率いるロシア政府は、「国際構造の多極化」をロシア外交の公式の目標として掲げている。

ロシア外交には十七世紀から、「ロシアは、西洋世界で覇権国となりそうな国をカウンター・バランスする」という伝統がある。「一極覇権を阻止する」というのは過去四世紀間続いてきた、ロシア外交の〝由緒ある伝統〟なのである。十九～二十世紀のロシアは、ナポレオン、ヴィルヘルム二世（独）、ヒトラーの拡張主義と真正面から衝突して、巨大な犠牲――第二次大戦における日本の戦死者数の十数倍の戦死者――を払って、フランスやドイツによる一極覇権の確立を阻止した。

最近、ロシア政府が「我々は、アメリカによる世界一極化を阻止する」と公言しているのは、過去四世紀間のロシアのバランス・オブ・パワー外交のパターンから見ると、きわめて自然な振る舞いである。ロシアが再び、伝統的なバランス・オブ・パワー戦略を採用していることも、国際構造を多極化させる原因となっている。

（7）インドの台頭。冷戦後のインド政府は、アメリカ勢力圏にも中国勢力圏にも属さない「独立した国際政治の極となる」という決意を表明してきた。独自の核戦力と海軍力を強化し、毎年七～八％レベルの経済成長を実現しているインドは、国際政治における「独立した大国」として行動する実力を蓄積している。

中国は二〇三〇年以降、人口の高齢化問題に悩まされるようになるが、インド人口は二〇四〇年代後半期まで、高齢化しない。ＣＩＡは「インド経済はいずれ、世界経済の一五％を占めるようになるだろう」と予測している。インドの台頭も、国際構造を多極化する要因である。

（８）ヨーロッパ文明圏の離米化とＮＡＴＯの弱体化。

冷戦後のヨーロッパ諸国は――フランス、ベルギー、社民党政権時のドイツを例外として――アメリカの一極覇権戦略に真正面から対抗することを避けてきた。しかしヨーロッパは、アメリカによる「世界一極化」の実現に協力してきたわけでもない。ＮＡＴＯ加盟国であるヨーロッパ諸国は、アメリカの主導するアフガニスタン戦争に表面的に協力する政策を採ってきた。しかしヨーロッパ諸国民の七割以上が、アフガニスタン戦争に協力することに反対してきた。ヨーロッパ人の大部分は、「アメリカとイスラム教諸国との紛争に、我々の兵隊が巻き込まれるのはイヤだ」と感じているのである。

中近東地域におけるＮＡＴＯの最重要メンバーであるトルコも、国際構造の多極化を大胆に推進する外交を実行している。最近のトルコ政府は、米政府とイスラエルによるパレスチナ人に対する苛酷な仕打ちに、真正面から挑戦している。ヨーロッパ諸国の離米化トレンドと独立性を強めるトルコ外交も、ＮＡＴＯを長期的に弱体化し、国際構造を多極化させていく原因となるであろう。

（９）アメリカのイスラム教諸国に対する外交政策の失敗も、国際構造を多極化させている。

過去半世紀間の米政府のエジプト、パレスチナ、イラク、イラン、シリア、レバノン、イエメン、パキスタン、アフガニスタン等に対する外交政策は、明らかな失敗であった。石油大国、サウジ・アラビアとの関係も疎遠になっている。

ウィルソン政権以降のアメリカは、「世界の民主化と自由化を進める」という「アメリカ外交の大義」を掲げてきた。その一方でCIAは一九五三年、イランでクーデターを起こして現地の民主体制を破壊し、傀儡王朝を押し付けた。アメリカは中近東の十数ヵ国において、アメリカの国益増強のため、腐敗した独裁政権を操ってきた。一九六七年以降、イスラエルが国際法違反の侵略とパレスチナ・レバノンの民間人殺害を繰り返すと、アメリカはイスラエルに対する軍事援助と経済援助を急速に増やしてきた。二〇〇三年以降のアメリカは、非生産的なイラク戦争まで実行し始めた。

過去六十年間の米政府は、イスラム教諸国の国民をわざわざ怒らせるような外交行動ばかり実行してきたのである。アメリカの中東政策の明らかな失敗も、二十一世紀の国際構造の多極化を推進している。

以上の九つの要因を読者が理解されれば、「アメリカの一極覇権戦略は失敗してきた。国際構造の多極化は不可避である。二〇二〇年代の東アジア地域のパワー・バランスは、『中国優位、米国劣位』の方向に推移していく可能性が高い。日本は今後、対米依存度を減らして、独立したグランド・ストラテジーと自主防衛能力を構築することが必要となる」という事情を分かっていただけたのではなかろうか。

■日本の「価値観外交」の愚かさ

ちなみに、この「国際構造が多極化していけば、日本には独立した外交能力と国防能力が必要となる。同盟関係の多角化も必要となる」というロジックは、政治的なイデオロギーや歴史解釈の視点とは無関係のものである。日本の一九三一〜四五年の戦争を、「あれは正しい戦争であった、侵略戦争ではなかった」と考える方にとっても、「悪い戦争だった、侵略だった」と考える方にとっても、「国際構造が多極化し、アメリカ覇権の相対的な衰退が続くならば、日本には自主防衛能力が必要となる」というロジックは同じだからである。過去五百年間の国際政治を動かしてきたバランス・オブ・パワーの原理に適切に対応する外交・国防政策とは、政治的なイデオロギーや歴史解釈の視点とは別のものである。

筆者自身は、戦前の日本の四つの政策――日韓併合、対中二十一箇条要求、満州の植民地化、一九三七年以降の日中戦争――に関して、「あれは日本にとって不必要な行為であった」という歴史観の持ち主である。筆者は、アメリカが日本に押し付けてきた「東京裁判史観」と、日本の民族派や皇国派の主張してきた「大東亜戦争＝アジア解放戦争史観」の、双方に賛成していない。

しかし筆者が、戦前の日本の勢力圏拡張政策に関して、「過剰な拡張政策であった。やり過ぎであった。当時の日本の指導者たちは、日本を包囲する三覇権国（米中露）とのバランス・オブ・パワー戦略に失敗していた」と考えることと、「二十一世紀の日本には、ミニマム・ディテランス（必要最小限の自主的な核抑止力）を含む自主防衛能力が必要だ」と考えることには、何の矛盾もない。外交と国防においてバランス・オブ・パワーの維持を最も重視するリアリスト派の立場からは、「戦前の日本の過剰な拡張政策と、現在の日本のように、核武装国に包囲されているのにミニマム・ディテランスすら構築しようとしない過小な国防政策は、両方ともバランス・オブ・パワーの維持に失敗している国策である」と考えられるからである。

過去五百年間の国際政治に見られたバランス・オブ・パワーとは、政治イデオロギーや歴史解釈論争とは、まったく別のパラダイムである。読者の方々が自由主義者であろうが保守主義者であろうが共産主義者であろうが——もしくは天皇主権制の復活論者であろうが、ポスト・モダン的な天皇制廃止論者であろうが——そのような政治思想にかかわりなく、「国家の生存と独立を守るためには、バランス・オブ・パワーを維持すべきである」というロジックに変わりはないのである。したがって最近の日本の親米保守派のように、外交政策と国防政策に政治イデオロギーを持ち込んで「日米の価値観外交」を主張するのは愚かである。アメリカの政治屋さんたちは「価値観を共有する日本人」を守るために、核武装した中朝露と核戦争してくれるわけではないからである。

歴史上の人物、例えば英国首相であったピット、パーマストン、チャーチル、メッテルニヒ(墺)、ビスマルク(独)、伊藤博文、ドゴール、スターリン、ケナン、アイゼンハワー、周恩来等は、その政治イデオロギーにかかわりなく、バランス・オブ・パワー政策の重要性を理解していた。彼らが外交政策において自国の国益を維持・増強することに成功したのは、そのためである。

その一方、ナポレオン、グラッドストン(英)、ヴィルヘルム二世(独)、ウィルソン、ヒトラー、近衛文麿、東条英機、ケネディ、カーター、ブッシュ(息子)等は、バランス・オブ・パワー維持の重要性を理解していなかった。彼らの外交・軍事政策が自国の国益にダメージを与えたのは、そのためである。バランス・オブ・パワーの維持とは、政治イデオロギーや歴史解釈の視点にかかわりなく維持されるべき国策原則なのである。

(私事で恐縮であるが、筆者自身の基本的な政治思想はクラシカル・リベラリズム——古典的、十八世紀的な自由主義——である。筆者は、アダム・スミス、モンテスキュー、カント、マディソン〔アメリカ憲法哲学の構想者〕、福沢諭吉、石橋湛山、矢内原忠雄、林健太郎等が好きな、〝時代遅れの、古臭い自由主義者〟なのである。安全保障政策に関して筆者はリアリスト・パラダイムの遵守と日本の自主的な核抑止力の必要性を提唱する自主防衛論者であるが、筆者の政治思想は典型的な保守派ではない。

スパイクマン、モーゲンソー、ウォルツ、ギルピン、ミアシャイマー、ウォルト等のリアリスト派の国際政治学者たちも、その政治的なイデオロギーはクラシカル・リベラリズムである。外交政策と国防政策においてリアリストの立場を採るからといって、国内政治や歴史解釈におけるスタンスも保守派であるとは限らない。)

■帝国はなぜ衰退するのか

第二章で説明したようにアメリカの一極覇権戦略は、一九九一～九二年に作成された。民主・共和両党の外交政策エスタブリッシュメントによって行われたこのグランド・ストラテジー作成は、一般国民に相談することなく行われた。連邦議会において、この野心的な覇権戦略が正直に議論されることもなかった。アメリカで最も優秀なリアリスト派の戦略家はこの戦略プランに反対したが、彼らの反対は無視された。(当時、フランシス・フクヤマはネオコン論客として、リアリスト派を声高に攻撃していた。しかし彼は二〇〇四年になると、「結局、リアリストが正しかったのだ」と発言している。)

リアリスト派の学者の中で、「何故、帝国（覇権国）は衰退するのか。何故、野心的な（自己抑制心の欠けた）勢力圏拡張主義は、必然的に失敗するのか。何故、一つの国が世界を支配しようと企てることは、非生産的なグランド・ストラテジーなのか」という問題に関して説得力ある議論を展開したのが、プリンストン大学のロバート・ギルピンである。

ギルピンは日本ではあまり名前を知られていないが、非常に優秀な人物である。国際政治学者の大部分は経済学の理論モデルを使用できない人たちであるが、ギルピンは国際政治学者には珍しく経済学をきちんと理解しており、国際関係の分析において経済学のロジックと国際政治学のロジックを両方同時に使用することに成功した人である。

（ギルピンと比べると、キッシンジャー、ブレジンスキー、ナイ、アイケンベリー等の経済学の理解度は、小学生レベルでしかない。筆者は若い頃、ギルピンの著作や論文を読んでいて、「ムムッ、こんなに頭の良い男が実際にいるのか！」とショックを受けた憶えがある。しかし残念なことにギルピンは、米マスコミにほとんど登場しない。キッシンジャーやナイやライスと違って、ギルピンには「有名になりたい、政府高官に任命されたい」という権力欲や自己顕示欲が欠けているのである。）

ギルピンは、「帝国や覇権国が衰退するのは何故か。野心的な勢力圏拡大主義の国家戦略が失敗するのは何故か」という問題に関して、著書 War & Change in World Politics（1981）

とPolitical Economy of International Relations（1987）において、以下、三つの説明を提示している。

①帝国（覇権国）の経済成長のスピードは、必ず鈍化していく。帝国をキャッチ・アップしようとする後発国（挑戦国）の経済成長率は、先発の帝国（覇権国）より高い。生産技術・経済情報・経営ノウハウ等の拡散を止めることはできないから、後発国は常に最新の技術と情報を活用して、早いスピードで先進国の経済生産性レベルに追いつくことができる。

技術と情報の拡散スピードが遅かった時代には、帝国の覇権も長続きした。ペルシャ帝国、西ローマ帝国、ビザンチン帝国、神聖ローマ帝国、オスマン・トルコ帝国、中国の歴代王朝等が衰退するには、何百年もかかっている。しかし十九世紀後半〜二十世紀になると、諸帝国間のパワー・バランスは、たった数十年で大逆転するようになった。生産技術・経済情報・軍事技術の拡散が早くなったため、帝国の興隆と衰退のサイクルが短くなったのである。

例えば一八五〇年、大英帝国の製造業の規模はアメリカの製造業規模の四倍であった。しかし四十年後の一八九〇年には、アメリカの製造業が世界一になっていた。同様に一八八〇年、イギリスの重工業生産力は新興国ドイツの三倍であった。しかしドイツの重工業生産力がイギリスに追いつき、追い抜くには、二十数年しかかからなかった。

中国政府が経済改革を開始したのは一九八〇年代初期であるが、三十年経たないうちに中国の自動車市場・コンピューター産業・家電産業・住宅産業・金属産業・化学産業の規模は世界一になり、中国の総輸出額、毎年の資本蓄積量、外貨保有量も世界一になった。その一方、慢性的に過少貯蓄構造となったアメリカは、世界最大の債務国に転落し、中国政府から毎年、巨額の借金を繰り返さなければ自国の財政運営すらできない状態となった。

ギルピンは、「技術と情報の拡散というプロセスのため、覇権国は必然的にその優位性を失っていく。覇権国の経済システムと軍事技術を真似することにより、後発国（挑戦国）は早いスピードで国力を増強することができる……各国の経済成長率には違いがあるという事実が、過去の国際関係を常に不安定なものにしてきた。興隆する新興国は十分な国力を蓄えると、既成の国際秩序にチャレンジし、国際秩序を自国にとって有利なものに変えようとするからだ」と述べている。

この「既成の国際秩序にチャレンジし、国際秩序を自国にとって有利なものに変えようとする」という記述は、十七〜十八世紀のイギリス、一八九〇年以降のアメリカ、ドイツ、日本、一九三〇〜七〇年代のソ連、最近の中国、の外交行動パターンを明瞭に描写している。

②勢力圏をひたすら拡大しようとする帝国主義的（覇権主義的）な国家戦略には、「限界効用

の逓減」という現象がみられる。ある一定のポイントを過ぎると、むやみに勢力圏を拡大しようとする政策――もしくは、むやみに他の諸国に対する自国の覇権（支配力）を強化しようとする政策――は、コストがかかりすぎてリターン（利益）の少ない、効率の悪い政策になる。最悪の場合には、コストが過大で実際のリターンはマイナス、つまり、勢力圏を拡大しようとする行為自体が自国の国益にダメージを与えているだけ、という結果となってしまう。

このことをギルピンは、次のように説明している。

「国家は、経済的・軍事的・領土的な拡張のコストが、それらの拡張から得られる利益とほぼ同等になるまで拡大政策を続ける。一般論として、〝勢力圏拡大のコストは、U字型のカーブをしている〟と言える。勢力圏の拡大政策の初期には、コストの逓減現象がみられる。つまり拡大行為により、より大きな利益をより低いコストで達成することができるようになる。しかしある時点を越えると、それ以上の拡大のためのコストが急速に上昇していく……。

覇権国は、国際政治における自国の優越した地位を維持するために、軍事費・対外援助費・同盟関係維持費、等を使わなければならない。これらの活動に掛かるコストは、経済的な見地からは、生産性の高い国家予算の使い方とは言えない。したがって覇権の維持という行為には、非経済的な要素が強くなる。十分な経済的余力――経常収支の十分な余剰――のある国だけが、覇権主義的な外交政策と軍事政策を実行する能力を持っている」

〝覇権のコストとリターン（利益）を比較考量することなくして、自国の勢力圏を拡張してはならない〟という視点は、すべての覇権国にとって死活的に重要なものである。すでに述べたように筆者は、戦前の日本の四つの対外政策――日韓併合、対中二十一箇条要求、満州の植民地化、日中戦争――は、「日本にとってコストが高すぎてリターンの低い、不必要な行為であった。しかもこれらの行為によって日本を包囲する三覇権国（米中露）を同時に敵にまわしてしまい、日本外交のバランス・オブ・パワー条件を急速に悪化させてしまった」という外交史の解釈をしている。筆者がそう考えるようになったのは、ギルピン、ケナン、リップマン、ビスマルク等の外交分析に影響されたためである。

四人とも、「国家の勢力圏には適正規模がある。適正規模を超えて自国の勢力圏を拡張しようとすると、外交コスト・軍事コスト・経済コストが過大になる。しかも国際関係において余計なトラブルに巻き込まれることになり、ロクなことがない」という外交思想の持ち主であった。（日露戦争、日韓併合、満州進出に反対した賢人・伊藤博文も、同様の外交思想の持ち主であった。しかし日露戦争後、満州進出を強硬に主張した小村寿太郎は、このことを理解していなかった。ガツガツとした態度で勢力圏の拡大を続けることを主張した小村は、東アジア地域におけるバランス・オブ・パワー維持の必要性が理解できない軽率浅慮なナショナリストであった。）

冷戦後のアメリカの「世界一極化」戦略がトラブル続きなのも、理由は同じである。アメリカは毎年、巨額の経常赤字と財政赤字を出しながら、〝一極覇権の夢〟を追い続けてきた。しかしこの一極覇権戦略には、「アメリカにとって適正な勢力圏とは、どれくらいの規模なのか？　世界を一極構造にしてアメリカだけが世界諸国を支配することに掛かる外交コスト・軍事コスト・経済コストは、どれくらいのものなのか？」という冷徹な計算が欠けているのである。

③勢力圏拡大と覇権の強化を目指す帝国（覇権国）は、外交コストと軍事コストが過大な政策を実行するようになる。そのような帝国（覇権国）の国家財政は、ほとんど必然的に困窮していく。

ローマ帝国、スペイン帝国、フランス帝国、大英帝国、オーストリア・ハンガリー帝国、オスマン・トルコ帝国、ソ連帝国、歴代の中華帝国等はすべて、その帝国の最終期に、国家財政の経費過剰と税収不足に苦しんでいた。一九三〇年代の日本帝国も、慢性的に財政事情が悪かった。冷戦終了後、覇権戦略のコストを計算せずに「世界一極化」の実現を目指したアメリカ帝国も、最近では毎年、諸外国——特に中国——の中央銀行と財務省から巨額の借金を繰り返して、財政赤字を補填する羽目に陥っている。

冷戦後の米政府は景気を一時的に刺激するために、株式バブルとＩＴ投資バブル（クリントン政権)、不動産バブルと金融商品バブル(ブッシュ〔息子〕政権)を創り出して、税収を短期的・人為的に増やす、という不健全な経済運営を実行してきた。最近のアメリカの経済政策は、「国内で消費バブル・投資バブルを創り出し、海外から大量の資本を引き入れて、人為的に景気を高揚させる」というやり方であり、長期的に維持できる経済運営ではない。

覇権主義国家の国家財政がほとんど必然的に困窮していくことに関して、ギルピンは次のように解説している。

「新興国(挑戦国)は覇権国の真似をして、軍事力を強化していく。したがって既存の覇権国はその対外影響力を維持するために、より多くの軍事費と外交関係費を使う必要に迫られる。つまり覇権維持のコストは、時が経つとともに上昇していく。

その一方、覇権国(帝国)の国民には、過剰消費・過少貯蓄の傾向を強めていくパターンがみられる。したがって覇権国の財政構造は、国内における過剰消費と海外における覇権維持コスト上昇のため、着々と悪化していくパターンがある。しかも覇権国の国内政治においては、政府支出の優先順位に関する争いが激化していくため、階級闘争や社会紛争を惹き起こすことが多くなる」

このギルピンの記述は、一九二〇~三〇年代の大英帝国、一九七〇~八〇年代のソ連帝国、最近二十年間のアメリカ帝国に、そのまま当てはまるものである。

ギルピンの指摘した以上三つの傾向は、過去二千五百年間の国際政治史において何度も繰り返し現れたパターンである。現在の国際政治にも、これら三つの傾向が明瞭に見られる。「帝国は必然的に衰退する。野心的な勢力圏拡大の国家戦略は、いずれ必ず失敗する」という過去の国際政治史に何十回も現れたパターンには、明確な経済的理由があったのである。

■キッシンジャーの「悲観的外交論」

ヘンリー・キッシンジャー元国務長官は、ギルピンやウォルツのように経済学の理論を使用できる国際政治学者ではない。しかしキッシンジャーも冷戦終了直後から、国際政治におけるアメリカ覇権の衰退と国際構造の多極化が不可避であることを何度も予告していた。

一九九二年の春、ワシントンでプライベートな会合に出席していた筆者は、同席していたキッシンジャーがアメリカ覇権の将来に関してかなり悲観的なことを述べていたのに驚いたことがある。当時のアメリカの政界・官界・言論界は、「冷戦の勝利」と「湾岸戦争の勝利」に浮かれている最中であった。しかし、何時もシニカルでいささか意地悪なところのあるキッシンジャーは、論理的で明晰な「悲観的外交論」を展開していた。ヨーロッパ生まれのキッシンジャーは十六〜十九世紀の国際政治史を熟知しており、当時のアメリカの外交論壇で、ナイ、アイケンベリー、アーミティッジ、フクヤマ等が吹聴していた「アメリカは例外的な国であり、アメリカの一極覇権は今後も例外的に長期間続く」という自己陶酔的なアメリカン・エクセプショナリズムに立脚したグランド・ストラテジーを、信用していなかったのである。

一九九二年春のキッシンジャーは、冷戦終了後の国際政治を次のように分析していた。「今までは、アメリカン・エクセプショナリズムがアメリカ外交の原動力となってきた。しかし二十一世紀の国際構造が多極化していくのは、不可避である。今後の国際社会では、アメリカのやり方を他の諸国に押し付けようとする外交ではなく、諸国の国益をきちんと計算してバランスしていく外交政策が必要になるだろう。

ヨーロッパ諸国や日本のように十分な経済力があり、豊かな伝統と国家としてのプライドを持つ国の外交政策が、何千マイルも離れたアメリカの首都ワシントンで決定されてしまう、という現在の状態は不自然だ。今後、多極化していく世界が、複数の独立した意志決定の主体を持つことは、アメリカの国益を害することにならない。

二十一世紀の国際システムは、十八〜十九世紀のヨーロッパ外交の構造に似たものとなるだろう。これは冷戦時代のように硬直した二極構造ではなく、より流動性のある多極構造となる。このシステムは多分、六つの極――アメリカ、ヨーロッパ、ロシア、中国、日本、インド――を持つことになるだろう。

冷戦後の国際秩序は、ウィルソン大統領が予想したような〝理想主義的な世界〟ではなく、ドゴール大統領が構想していた〝国益をバランスさせることによって生じる国際秩序〟となる。国家とは過去も現在も将来も、自国の国益を追求する存在であり、〝高邁な道徳的原則〟を追求する存在ではないからだ。

現在のアメリカが世界唯一の軍事超大国であるからといって、〝アメリカの国家意志を、他の諸国に押し付けることができる〟ということにはならない。アメリカ人は伝統的にバランス・オブ・パワー外交のコンセプト（概念）を嫌ってきたが、今後の多極化していく国際社会では、この考え方を受け入れる必要性に迫られる」

キッシンジャーの議論は、非常にオーソドックスな——十八〜十九世紀のヨーロッパ的な——バランス・オブ・パワー外交論であった。当時、「アメリカの覇権によって二十一世紀の国際社会を、アメリカのイメージに合う一極構造に創り変えてみせる」というナルシシスティックで子供っぽい議論を聞かされるのに辟易していた筆者にとって、キッシンジャーの「アメリカン・エクセプショナリズムを否定し、ドゴールの外交思想に同意する」外交議論は、耳に心地良いものであった。

■「日本核武装」の予告

キッシンジャーと同様にリアリスト派の大物学者であるケネス・ウォルツも、一九九〇年代の前半期、アメリカの政治家・外交官・金融業者・言論人たちが「世界一極化」の幻想に浮かれていた時、民主・共和両党の一極覇権戦略に冷水を浴びせる議論を展開していた。ウォルツは二十一世紀の国際構造の多極化が不可避であることを予言し、以下のように述べていた。

「現在のような一極状態が、長続きするはずがない。国際政治において〝一つの国だけが世界覇権を独占的に握り続ける〟という状態は、そもそも不自然なのだ。過去の国際政治史を見れば、そのような状態が長続きしないことが分かる。

〝我々は遂に、世界覇権を握った〟と勘違いする国は、必ず傲慢で自己中心的な外交を実行し始める。アメリカの勢力圏をさらに拡大しようとする行為が、複数の国との紛争をもたらすことになるだろう。その結果、アメリカの覇権は徐々に衰退していく。皮肉なことに、〝自国の覇権を、より一層強化しよう〟とする行為そのものが、外交政策と軍事政策の負担と課題を増加させて、覇権国の国力を消耗していくのだ……。

アメリカは、自国の軍事力を国際公共財として世界平和のために提供している善良な覇権国(Benevolent Hegemon)であるから、他の諸国はアメリカをカウンター・バランスしない、したがってアメリカの世界覇権は長続きする、と主張している者がいる。しかしソ連という絶好の敵役を失ったアメリカが、〝何時まで、善良な覇権国として行動し続けるか？〟という点に関しては、疑問がある。冷戦終了後の米政府にみられる勝ち誇った態度と自己中心的な行動パターンは、他の諸国から歓迎されているわけではないのだ。世界の諸大国は、権力が一国に集中した国際社会よりも、権力が分散してチェック・アンド・バランス（牽制と均衡）の機能が働く国際社会を好む……。

二極構造（冷戦）時代の国際関係は、単純で分かりやすかった。今後の多極構造の国際関係は、より複雑であり、不確実性が高いものとなる。今までの西側諸国間の同盟関係も、その親密性と団結性に疑問が出てくるから、今後は流動化していくだろう。二極構造時代にアメリカに依存していた西側諸国は、今後、外交政策と国防政策における独立性を強めていく必要がある。自立する努力をしない国は、その無責任な外交態度をいずれ後悔することになるだろう」

(Emerging Structure of International Politics 1993, Structural Realism after the Cold War 2000)

ウォルツ教授は、多極化・流動化していく国際構造下において、ロシア・中国・北朝鮮の核ミサイルに包囲されている日本は、「自主的な核抑止力を含む自主防衛能力を構築せざるを得なくなる」と何度も明言してきた。キッシンジャーも同じ考えである。しかし、過去五百年間の国際政治史を真剣に勉強しておらず、バランス・オブ・パワーの戦略感覚に欠ける日本の政治家・官僚・国際政治学者の大部分は、日本の核保有と自主防衛に否定的である。

ケネス・ウォルツの「自立する努力をしない国は、その無責任な外交態度をいずれ後悔することになるだろう」という予告は、二〇二〇年代――もしくは二〇三〇年代――の日本において、現実のものとなるだろう。

優秀なリアリスト派の学者、クリストファー・レインも、多極化が進んでいく今後数十年間の国際構造の変化は、十九世紀後半の国際構造の変化に似たものとなるだろう、と予測している。

「十九世紀中頃の国際政治において、大英帝国の勢力にかなう国はなかった。しかしこの状況は、一八八〇～一九〇〇年に急変してしまった。この二十年間でイギリスの経済力は、アメリカとドイツ両国にキャッチ・アップされてしまった。しかも東アジアでは新興国・日本が台頭してきた。

勿論、アメリカやドイツや日本が、一国だけでイギリスに挑戦できるほど強くなった、というわけではない。しかし、大英帝国が無視することのできない実力を持つ幾つかの大国が、ほぼ同じ時期に台頭してきた、という事実が重要なのだ。その結果、大英帝国は、西半球地域においてはアメリカに覇権を譲渡し、東アジアにおいては日本の勢力圏の存在を認める、という形で、自国の勢力圏を縮小させていく対応策を採らざるを得なくなった……。

今後数十年間の国際政治においても、アメリカがその実力を無視することができない大国

（挑戦国）が、幾つか同時に台頭してくるだろう。その結果、国際構造の多極化は不可避となる。二極構造時代にアメリカに依存していた同盟諸国は、今後、自立する動きを強めていかざるを得ない。二極時代のように、アメリカが同盟諸国の外交政策と国防政策を支配する、という状態は続かない。

今後、多極化していく国際社会において、アメリカの国益と同盟国の国益が常に同一のものである――もしくは類似したものである――という保証は、どこにもない。冷戦終了後の米政府の気まぐれな政策や一方的な行動は、同盟諸国に対米不信感を抱かせる結果となった。今後、アメリカの同盟国は、〝自国の国益は自分で守る〟という当たり前の政策を採用するようになるだろう」（Peace of Illusions）

クリストファー・レインも、ウォルツ、キッシンジャー、ミアシャイマーと同様に、「多極化が進む今後の国際政治において、日本は自主的な核抑止力を持ち、自主防衛能力を構築せざるを得なくなる」と予告してきた。国際構造の多極化と日本の自主防衛能力の必要性は、論理的に直結した議論なのである。二極構造時代の対米依存主義の国策を二十一世紀の多極時代になってもそのまま続けるのは、非論理的な国家戦略なのである。

（日本の親米派の〝エリート〟官僚や国際政治学者が、このリアリスト学派の自主防衛のロジックを無視するのは彼らの自由である。しかし近い将来、そのような無責任な政策によって「痛い目」

に遭うのは、ごく普通の日本国民である。戦前と戦後の日本のように〝エリート〟層に無能な人物が多い国では、素直で真面目な一般国民がいつも「国家戦略の大失敗」の犠牲者となる。）

『グローバル・トレンド・二〇二五年』報告書

二〇〇八年十一月に公開された米情報機関の報告書『グローバル・トレンド・二〇二五年』(National Intelligence Council : Global Trends 2025) も、今後十五年間に起きる国際環境の変化——アメリカ覇権の衰退と国際構造の多極化——を明快に認めている。以下に、この報告書の八つの重要なポイントを紹介したい。

①中国やインドの目覚しい台頭に明らかなように、国際構造は多極化の方向に向かっている。今後の国際政治のパワー（勢力）は現在よりも拡散したものとなり、新しく台頭してくる諸国は、既成の国際秩序を変えようとする。今後十五〜二十年間、国際紛争が発生する確率は高まっていく。その一方で西側諸国の伝統的な同盟関係は、弱体化していく。

②西側世界から東洋社会へ大規模な富と経済力の移行が起きているため、今までの西側自由主義世界の政治モデルと経済モデルが魅力を失いつつある。発展途上国の多くは、中国の開発モ

デルに惹かれるようになっている。

③二〇二五年の世界人口は、現在の六十八億から約八十億となるだろう。この人口増加のため、食料・エネルギー資源・水資源の獲得競争が起きるであろう。その結果、資源獲得のためのナショナリズムが強くなり、大国間の衝突や紛争に発展するかもしれない。

④新しい大国の出現と西洋から東洋への大規模な経済力の移行のため、二〇二五年頃の国際システムは、現在の国際システムとは全く違ったものとなっているだろう。新しく出現する多極構造のシステムは、一極構造や二極構造の国際システムよりも不安定なものとなるだろう。最近（二〇〇七〜〇八年）発生した世界金融恐慌は、国際構造の多極化をより一層進める効果を持つ可能性がある。

今後二十年間の国際政治は、リスクの高いものとなる。貿易や投資や技術革新等の問題をめぐって、戦略的な国際対立が生じるであろう。十九世紀的な勢力圏拡大競争、軍備競争、軍事的な対立等が発生する可能性も無視できない。

⑤今後十五〜二十年間に、多極構造の国際社会におけるアメリカの勢力は弱体化していく。ア

メリカの経済力と軍事力は今後、相対的に低下していくから、アメリカが今までのように「自国にとって都合の良い政策オプションを選ぶ」という選択の自由を行使することも困難になる。

⑥今後二十年間の国際社会に最大の影響を与えるのは、中国である。二〇二五年頃には中国の軍事力は世界の先端となり、（為替レートが不変であれば）中国の名目GDPは世界第二位となっているだろう。（注：為替レートが実質購買力を反映する方向に変化していけば、中国の名目GDPは世界最大になる。）

⑦台頭を続けるBRICs（中国、インド、ロシア、ブラジル）にとって、自国の外交政策と経済政策を西側諸国の規範に合わせる必要性が低下している。これらの諸国は、自国にとって都合の良い、より独立度の高い政策を選択できるようになった。アジアは、独自の経済ブロックを形成するかもしれない。

二世紀前の中国の経済規模は、世界経済の三〇%、インドの経済規模は世界経済の一五%であった。中印両国は、二世紀前の経済的地位を回復しつつある。

⑧現在から二〇二五年にかけて、国際社会において新しい包括的な国際統治システムが出現す

る可能性は低い。今後の国際社会は、「多国間協調の欠けた多極構造」となるだろう。
二〇二五年頃の国際関係は、その場かぎりの短期的な協力や折衷的な妥協を繰り返すものになっているだろう。今までの同盟関係や協力関係も流動的なものとなり、国連安保理がリーダーシップを発揮する能力は、今よりも一層弱くなっていくだろう。この新しい多極構造において、ある特定国が強力な覇権を行使できる世界のリーダーとなる可能性は、ほとんどない。

以上が『グローバル・トレンド・二〇二五年』の重要なポイントである。米情報機関の公式レポートが、アメリカ覇権の衰退、国際政治の不安定化、アメリカが支配してきた同盟関係の弱体化、をはっきりと予言している。このレポートを読めば、アメリカが一九九一〜九二年にかけて作成した一極覇権のグランド・ストラテジーは明らかに失敗したのであり、最近二十年間の国際政治は、「世界一極化」戦略を批判したリアリスト派が予告した方向へ進んできたことが明瞭に理解できる。

■ナショナリズムの悪夢

冷戦終了後の国際社会で顕著になってきたナショナリズムの復興も、国際構造を多極化する役割を果たしている。

十九世紀初頭までの国際政治において、諸民族のナショナリズムはそれほど大きな要素ではなかった。例えば、スペイン、オーストリア、オランダ、イタリー等を支配したハプスブルグ王朝は、典型的な（アンチ・ナショナルな）多民族帝国であった。しかもヨーロッパ大陸において「最強の潜在的能力を持つ民族」であったドイツ人は、数百の諸侯国と都市国家に分裂していたため、ナショナルな統一国民国家を形成することができない状態であった。

ナショナリズムが国際政治の巨大な要素として顕在化してきたのは十九世紀の後半期、ドイツ、日本、イタリーが新しい国民国家として統一され、イギリス、フランス、オーストリア・ハンガリー、ロシア等の「先発の多民族帝国」に挑戦できる国力を建設し始めた時期からである。そして二十世紀の前半期に、世界の諸民族のナショナリズムは、過去三千年間の国際政治において最高レベルに達した。第二次大戦中、敵性国の非武装の婦女子を意図的に大量殺害する、という戦争犯罪行為が頻発したのも、「ナショナリズムの高揚による敵性民族の非人間化(dehumanization)」という現象があったからである。（ナショナリスティックではなかった十八～十九世紀の西欧諸国は、二十世紀のアメリカ・ロシア・ドイツ・中国のような「敵性民族の無差別殺害」を実行しなかった。）

二極構造時代（一九四七～八九年）の国際政治は、「ナショナリズムの悪夢」から一時的に逃れることができた。すでに述べたようにこの二極構造は「異常なほど安定した国際システム」

(ウォルツ)だったのであり、世界の諸民族のナショナリスティックな野心、覇権欲、征服欲、プライド、嫉妬、怨恨、復讐心は、「米ソ陣営の対立」という二極構造によってがっちりと「鉄のタガ」を嵌められて、「自由に発露できない状態」に押さえられていたのである。

しかし一九八九年にベルリンの壁が崩れ、一九九一年にソ連帝国が崩壊したことによって、この二極構造という「異常なほど安定した時代」は終わってしまった。安全保障政策を軽視して経済的繁栄だけを追いかけてきたマテリアリスト国家・日本は、突然、「中国・アメリカ・ロシア・韓国・北朝鮮・五ヵ国の独善的なナショナリズムに対応して生きていかなければならない」という国際政治の新現実に直面することとなった。冷戦終了後も、二極構造時代と同様の「対米依存による平和」を享受できるだろうと期待していた日本の依存主義者たちは、最近二十年間、「周辺諸国の反日ナショナリズムの高揚と軍備増強、核兵器の拡散、国際構造の多極化」という国際環境の変化に対応することができず、ひたすらうろたえるだけである。

キッシンジャーは、冷戦後の世界でナショナリズムの再興と国際構造の多極化現象が同時に進行してきたことを指摘して、「二十一世紀に顕在化する多極構造の世界では、ナショナリズムがもう一度、重要な役割を果たすだろう。今後の世界諸国は、自国の国益増強を最優先させる外交政策を実行し始めるだろう」と述べている。

ブレジンスキーも、「ソ連が崩壊し、二極構造が消滅したことによって、世界諸国のナショナリズムが強化されることになった。クリントン政権の末期にはアメリカの同盟国でさえ、米政府の自己中心的な外交政策を嫌うようになっていた。ブッシュ（息子）政権の外交政策は、〝同盟国のアメリカ離れ〟現象をますます促進させた……世界の多くの国が自国のアイデンティティ（独自性・主体性）を追求するようになり、ナショナリズムとプライドを高揚させる政策を採っている。このような国際環境にあってアメリカ外交の影響力は、低下していかざるを得ない」(Second Chance) と解説している。

アメリカ外交の賢人、ジョージ・ケナンも、「ナショナリズムは、現在の国際政治を動かす最も強力な要素だ。ナショナリズムは、宗教や経済利益や政治イデオロギーよりも、国際政治に対して強い影響を及ぼしてきた」と指摘している。アメリカの政治イデオロギー・経済制度・軍事覇権をそのまま他国に押し付けてきたナショナリスティックなアメリカ外交に関して、ケナンは、「アメリカ人は、他国の国民にも彼らなりの希望や期待、情緒や正統性の規範がある、ということを認めようとしないのだ……アメリカ外交は、他国民の正当な利益や希望を高慢かつ侮辱的な態度で無視してきた」(American Diplomacy) と嘆いている。

ハーバード大学の国際政治学者、スタンリー・ホフマンも、ケナンの視点に賛成して次のように述べている。

「アメリカのやり方をそのまま他の諸国に押し付けようとする米外交は、世界中で嫌米感情を増大させている。しかしアメリカ人は、アメリカ自身のナショナリズムを認めようとしない。他の諸国に対して一方的な態度で命令してきたアメリカ人は、自分達の態度がナショナリスティックなものであることを認めようとしないのだ。最近、世界の大部分の国が、〝アメリカだけが世界唯一の超大国〟という国際構造を不快に思うようになっている……。

アメリカ人は、〝他国の国民がそれぞれのプライドを持ち、いろいろな恐怖感と屈辱感を味わわされてきた〟という事実を理解しようとしない。そのような態度だから、アメリカが他国で軍事力を行使すると、現地で思いもかけぬ政治的なトラブルを惹き起こすのだ。現在のアメリカの勢力が圧倒的に優越しているとしても、アメリカの覇権は、過去の諸帝国のような有効性を持つわけではない。十九世紀のイギリスは、アメリカのような圧倒的な軍事力を行使せずに、アメリカよりも優れた帝国運営能力を発揮していた」(New York Review of Books, 2006年8月)

元CIA長官のマイケル・ヘイデン(元空軍大将)も、「諸国のナショナリズムが、国際構造を多極化させている」という意見である。彼はブッシュ(息子)政権最終年(二〇〇八年)のスピーチで、「アメリカ人は他国民のナショナリズムを理解したがらず、しばしば過小評価してきた。アメリカ人のプライドに満ちた態度が、他国民の思考パターンを理解することを困難にしているのだ。世界の多くの国は、〝アメリカの価値観〟や〝アメリカの理想〟をそのまま歓迎しているわけではない。二十一世紀の国際政治は、（アメリカだけでなく）幾つかの大国が影響力を行使する構造になっていくだろう」と述べている。

ケナン、ホフマン、ヘイデン等が指摘したように、米政府はしばしば、他国民のプライドとナショナリズムを露骨に無視する外交を実施してきた。そのような外交を実行することによって「アメリカを中心として回転する一極構造の世界」という〝理想〟を実現しようとした米政府は、逆に国際構造をせっせと多極化してきたのである。

第7章　パックス・アメリカーナは終わった

■「世界無比の軍事力」は本当か

冷戦後のアメリカの外交論壇で一極覇権戦略を唱えてきたアメリカ人――例えば民主党のナイ、アイケンベリー、オルブライト、ペリー、共和党のウォルフォウィッツ、アーミティッジ、マッケイン――は、アメリカの軍事力が世界無比であり、米軍事予算が世界全体の軍事支出の五〜六割に達していることを指摘して、「アメリカによる長期的な世界支配と国際構造の一極化は可能である」という仮説を提唱してきた。（日本の親米派は、この仮説を鸚鵡返しに復唱してきた。）

しかし、この仮説は誤りである。以下に、この仮説が誤りであることを四項目に分けて説明したい。

① アメリカが通常戦力にどれほど巨額の予算を注ぎ込んでも、アメリカは他の八核武装国と戦争できない。すでに九ヵ国が核武装した国際社会で、アメリカが一極構造を創ろうとするのは不可能である。

② アメリカの軍事力がどれほど強くても、反米的な弱小国は非対称的・非正規的な戦争方法（ゲリラ戦争やテロ闘争）を使用することにより、アメリカによる世界支配に対して長期間の抵抗を継続することができる。「史上最強の軍隊！」と自慢する米軍は、長期のゲリラ戦争

に勝利する能力を持たない。

③　アメリカは、現在の兵員規模の陸軍と海兵隊で世界の重要地域を支配することはできない。しかも米政府の世界支配戦略（一極覇権構想）は国民の理解と支持を得ていないため、この戦略を遂行するのに必要な徴兵制を採用することは政治的に不可能である。自国民の反撥を恐れて徴兵制さえ実施できない国が、「世界中の国を支配したい」という覇権願望を持つのは非論理的である。

④　二〇一一年以降、アメリカのベビーブーム世代が大量に（七千八百万人）引退し始める。このため二〇一六年以降の米政府の財政状況は、着々と悪化していく。すでに世界最大の債務国であり、国民の平均貯蓄率も異常に低いアメリカが、現在のような軍事支出を維持するのは不可能である。二〇二〇年代になると米政府は、「米軍が、中東と東アジア地域を同時に支配し続ける」という現在のグランド・ストラテジーをギブ・アップせざるをえなくなり、国際構造の多極化は不可避となる。

以下に、これら四項目を具体的に説明したい。

■核保有のジレンマ

① アメリカが通常戦力にどれほど巨額の予算を注ぎ込んでも、アメリカは他の八核武装国と戦争できない。すでに九ヵ国が核武装した国際社会で、アメリカが一極構造を創ろうとするのは不可能である。

第五章で説明したように、「アメリカは他の核武装国を攻撃できない」という現実が存在する。アメリカからの先制核攻撃によって破壊されない数十発の核弾頭――潜水艦に分散して搭載しておく核弾頭、もしくは山奥や地下の軍事基地に分散して隠匿しておく核ミサイル――を所有している軍事小国は、現在、約一万発の核弾頭を所有している核大国アメリカからの軍事攻撃を抑止できる、という現象である。

（現在、アメリカは、即座に発射できる戦略核兵器としての核弾頭を約千五百発、格納庫に保存してある核弾頭を約四千発、そして、起爆装置等の部品を付け加えることによって短期間で使用可能となる核弾頭を約五千発所有している。）

アメリカのように、その軍事予算が世界の軍事支出の五割に達しているミリタリー・スーパーパワーでさえ、自国が先制攻撃をかけ、それに対する報復としてたった一発の核弾頭を自国の大都市に撃ち込まれる可能性を予想するだけで、先制攻撃をかける意欲をなくしてしまうのである。少数の核弾頭を所有する国は、超大国アメリカからの軍事攻撃を抑止できる。この「アメリカは、他の八核保有国を攻撃できない」という冷厳な現実が、冷戦終了後の国際構造の一極化を阻止することに大きな影響を及ぼしてきた。

MITの軍事学者、バリー・ポーゼンは、冷戦後の一極覇権戦略を支持した人物であるが、そのポーゼンでさえ、「他国からの先制攻撃によって破壊されない核兵器を所有している国は、世界覇権を握ろうとする超大国による軍事的な恫喝と攻撃を拒絶する能力を持っている」と認めている。ポーゼンは、「核兵器が世界諸国に拡散したことが、国際構造を変化させようとする動きを阻止する役割を果たしてきた」(Competing Visions for US Grand Strategy)と述べている。

MITの国際政治学者であり、冷戦後の一極覇権戦略を「覇権行使のコストが高すぎる愚かな戦略だ」と真っ向から批判してきたハーヴェイ・サポルスキーも、「ヨーロッパとアジアの幾つかの国が核を保有しているという事実が、アメリカによるユーラシア大陸の制覇を不可能にしている」と解説している。サポルスキーは、「核武装国同士の戦争はリスクとコストが高すぎる。したがって核武装した諸国は、お互いに核戦争を避けようとするだけでなく、通常兵器による戦争まで避けようとする」(Come Home, America)と述べている。

(二〇〇六年、北朝鮮が核兵器の実験を決行した後、米国務省とブッシュ大統領が同盟国日本の国益と拉致問題の存在を露骨に無視して北朝鮮に対する宥和政策を実行し始めたのは、そのためである。ゲーツ前国防長官は二〇一一年春、「北朝鮮は、五年以内にICBM〔北米大陸を直撃する能力を持つ核ミサイル〕を所有するだろう」と予告している。将来、ICBMを所有した北朝鮮が日本に対してニュークリア・ブラックメール〔核兵器による恫喝〕をかけてきた場合、アメリカは北朝鮮との軍事衝突を避けようとするだろう。)

核兵器の拡散がアメリカによる一極覇権の実現を不可能にしたことに関して、ジョン・ミアシャイマーは、「核兵器は、非常に強力な平和維持機能を持っている。核武装国は、他の核保有国を攻撃できない。核兵器は他国に対する侵略行為に使うのにはあまり役に立たないが、他国からの軍事攻撃を抑止するには高い有効性を発揮する……核を持つことにより、核武装した大国と核武装した小国との関係は、『実質的に対等な関係』となる。少量の核兵器を所有する国は、核大国による軍事的恫喝を恐れなくなる」(Back to the Future) と説明している。

ミアシャイマーが、「中朝露三ヵ国の核兵器に脅かされている現在の日本には、自主的な核抑止力が必要である。現在の日本の安全を守るために一番良い方法は、核を持つことである。日本が核を持てば、中国の日本に対する軍事行動はもっと慎重になる」と指摘しているのも、彼の「核兵器は、非常に強力な平和維持機能を持っている」という視点によるものである。

ジョンズ・ホプキンス大学のディビッド・カレオは、冷戦後のアメリカの覇権戦略を批判して、「国際政治に核兵器が出現したという事実が、超大国の覇権主義的な外交戦略を不可能にしている。どの国もごく少量の核兵器を所有するだけで、超大国に対抗できる強力な抑止力を持てる事態が発生した。これを『非対称的な抑止力理論』(Doctrine of Asymmetrical Deterrence)という。核超大国と核小国の間に『勢力均衡の状態』が生ずるようになったのだ」(Power, Wealth and Wisdom)と述べている。カレオによれば、クリントン・ブッシュ(息子)・オバマ三政権による「世界一極化」戦略は、「アメリカの国力を浪費してきただけの外交」であったという。

第二次大戦後のアメリカの国際政治学界において「アメリカの最初の核戦略理論家」と呼ばれたバーナード・ブローディ(国防総省の核戦略担当官、元イェール大学教授)も、「核兵器の出現によって、核保有国同士では通常戦争すら実行不可能になった。〝通常戦争がエスカレートすると、交戦相手は、もしかしたら核を使うかもしれない〟と考えるだけで、核武装国の通常戦争に対する戦意さえ萎縮してしまうのだ。したがって核保有国は、お互いに対して宥和政策を採らざるを得なくなっている。これは核保有国の政府が公式の席で認めることではないが、実は核兵器を保有する国の間には、〝お互いの勢力圏を破壊するのを避けよう〟という暗黙の了解が存在するようになった」(War & Politics)と述べている。

冷戦終了後、「世界を一極化しよう」という覇権意欲に燃えたアメリカも、実際の国際政治では、「核保有国は、お互いの勢力圏を破壊するのを避けようとする」という現実に直面しなければならなかった。しかもアメリカの「一極願望」にとって都合が悪いことに、「核兵器は安い！」という〝不都合な真実〟が存在する。

例えば日本にとって必要な自主的核抑止力とは、約二百基の単弾頭・核ミサイルと、それらのミサイルを搭載しておく二十隻程度の通常動力型潜水艦、そして核ミサイルを運用するための軍事衛星、レーダー、ITシステム等である。これら装備に掛かる軍事予算は、日本の毎年のGDPの〇・一〜〇・二％程度の費用にすぎない。通常兵器による戦争抑止力が非常に高価なのに比べて、核兵器による戦争抑止力は格段に安いのである。

（国務省元日本部長のケビン・メアは文春新書『決断できない日本』において、「核開発には巨額の予算が必要であり……（日本の）限られた防衛予算を核兵器に費消するのは賢明なことではありません」と述べている。しかし、この記述は虚偽である。メアがこのように述べるのは、米国務省の「敗戦国・日本から永久に自主防衛能力を剝奪しておく」という対日政策のためであろう。）

日本だけでなくほとんどの先進産業諸国にとって、「自主的な核抑止力は、最も安上がりな戦争抑止力」なのである。過去六十年間、アメリカが同盟諸国の自主的な核抑止力の構築を必死になって妨害してきたのは、「アメリカの同盟国が安価な核兵器による独立した戦争抑止力を持ってしまうと、同盟国は、〝超大国アメリカによる保護〟を必要としなくなってしまう」という、覇権国家アメリカにとって〝不都合な事情〟が存在していたからである。

例えば日本政府がGDP○・一〜○・二％程度の予算を使うことによって自主的な核抑止力を構築すれば、日本は在日米軍基地を必要としなくなってしまう。当然のことながら日本の納税者は、「思いやり予算」というグロテスクな名称の付いた宗主国アメリカへの貢納金を拒否できるようになる。しかも日本政府は、アメリカの中東政策、対中政策、対朝政策、対露政策、国際通商政策、通貨政策、金融政策、等に関しても、公然と異議を唱え、アメリカの政策とは明確に異なる独自の外交政策と経済政策を採用する「政策選択の自由」を獲得することになる。これは、一極覇権主義の米政府が、どうしても阻止したい事態である。

■オバマ「核廃絶」の正体

ロンドン大学の著名な核戦略理論家、ローレンス・フリードマンは、『大国の利益と核兵器』という論文の中で、「核兵器の拡散は大国の外交能力を低下させ、核兵器の独占権を弱体化し、大国による軍事介入を困難にする。核兵器を保有した同盟国は独立した能力を獲得し、大国に依存しない外交政策を始めるようになる」と述べている。アメリカの日本支配政策にとって、日本が「独立した能力を獲得し、大国に依存しない外交政策を始める」ことくらい、都合の悪いことはない。「親日派」を自称するナイ、ペリー、アーミティッジ等が、日本の自主的な核抑止力の構築を必死になって妨害してきたのは、そのためである。

国際構造の多極化を阻止したいアメリカにとって、核保有国の増加は、アメリカ覇権の弱体化を意味する。軍事的には「タカ派」の立場を採ることが多かった共和党のシュルツ元国務長官、キッシンジャー元国務長官、民主党のペリー元国防長官、サム・ナン元上院軍事委員会委員長の四人が、最近数年間、アメリカの「核廃絶運動」の先頭に立ち、「これ以上の核兵器拡散を阻止せよ」と叫んでいるのは、そのためである。

（しかし彼らは、「他国が核を持っているかぎり、アメリカは決して自国の核戦力をギブ・アップしない」と明言している。ロシア、中国、イスラエルのように、国際法違反の侵略と戦争犯罪を平然と実行してきた利己的な国家が、自国の核兵器を廃絶する可能性はゼロであるから、アメリカが自国の核兵器を廃絶する可能性もゼロである。フランス政府やインド政府は、アメリカの提唱する「核廃絶運動」のトリックを最初から見抜いており、オバマの提唱する「核廃絶の理想」をまったく相手にしていない。）

オバマ大統領が高らかに謳い上げてきた「核廃絶の理想」も、結局は、〝アメリカの地政学的な覇権利益を、最大限に確保しておきたい〟という利己的な動機による外交行動であった。「シニカルな打算と偽善に満ちた、高邁な理想主義」というのが、その正体である。

核兵器の拡散が、アメリカの一極覇権主義のグランド・ストラテジーと正面衝突することは明らかである。それではアメリカは、現在の九核武装国以外の国に核が拡散するのを防ぐことができるのだろうか？

　ブレジンスキーは、この点に関して悲観的である。彼は、「アメリカが、東アジアと南西アジアにおいて核武装国が増えるのを阻止できなかった。アメリカが、核を持とうとする国に対して一方的な先制軍事攻撃をかければ、その結果、アメリカにとって予測不可能な新しい地域紛争が発生する可能性がある。アメリカが『世界唯一の軍事超大国』であるからといって、〝我々は、どうしても核兵器を持ってみせる〟と堅く決意している国の核武装を阻止する能力を持っているわけではない」（Second Chance）と述べている。ブレジンスキーは二十一世紀の国際社会において、「核保有国は徐々に増えていくだろう」と予測している。

　サミュエル・ハンティントンも、「今後、核武装国は少しずつ増えていくだろう」という意見である。ハンティントンは、「アメリカがどんなに頑張っても、核保有国は増えていく。米政府の今後の政策は、現在のような〝これ以上の国が核を持つことを、絶対に阻止する〟という立場から、〝核保有国の制限された増加は、やむを得ない〟という立場に変わっていくだろう……核武装した国が今後も増えていくということは、多文明世界における覇権の拡散が進む、ということを意味する」（Clash of Civilizations）と述べている。

　覇権主義国家アメリカは、他の核武装国と戦争できない。すでに九ヵ国が核保有し、しかも、今後も核保有国が増えていくと予想される国際社会において、アメリカが「一極覇権の夢」を達成しようとするのは、最初から不可能なのである。二十一世紀の国際構造の多極化は不可避である。

■テレビの登場が変えた戦争

② アメリカの軍事力がどれほど強くても、反米的な弱小国は非対称的・非正規的な戦争方法（ゲリラ戦争やテロ闘争）を使用することにより、アメリカによる世界支配に対して長期間の抵抗を継続することができる。「史上最強の軍隊！」と自慢する米軍は、長期のゲリラ戦争に勝利する能力を持たない。

「極貧の弱小国も非正規的な戦争方法を採用することにより、アメリカの世界支配戦略にしぶとく抵抗できる」という現実も、二十一世紀の国際構造を多極化させる重要な要素となっている。米軍事予算が世界の軍事支出の五割に達しているからといって、世界中の貧困な諸国が「アメリカの軍事力の前で恐れ慄き、ひたすら土下座して服従する」という事態にはならないのである。

米空軍大学のジェフリー・レコード教授は、「アメリカに対して非対称的・非正規的な戦争を実行する国との紛争に、米軍は深入りしないほうが良い」という意見の持ち主である。彼は、「現在のアメリカの〝テロに対する闘い〟と称する戦争は、際限がない。こんな戦争を長期間続けていると、真の国益にもならぬ任務のため、アメリカの軍事力と外交力を消耗させるだけだ」(Beating Goliath: Why Insurgencies Win) と述べて、最近の米政府が世界各地でゲリラ戦争やテロ闘争に巻き込まれていることが、「アメリカの覇権をますます弱体化させている」と解説する。

メリーランド大学の国際政治学者（中東専門家）、シブリー・テルハミ教授も、「アメリカの巨大な軍事力によって敵性国を屈服させるというやり方は、効率の悪い政策だ。反米的なイスラム教諸国は、そのようなアメリカを尊敬する訳ではないし、アメリカを恐れて従順になる、という訳でもない。アメリカとイスラエルの軍事力が圧倒的に優越していても、弱小な諸国は、アメリカやイスラエルに対抗する別の手段を採用して抵抗を続ける」と解説している。

例えば、米軍がイラクとアフガニスタンの占領に成功しなかったのを観察して、イラン、シリア、南レバノン（ヒズボラ）、パキスタン等は、「自国の正規軍が、米軍やイスラエル軍と正面衝突する戦争を避ける。先ず米軍やイスラエル軍に自国を占領させて、その後、長期間のゲリラ戦争とテロ闘争によって占領軍を疲弊させて追い出す」という戦争プランを準備している。

言うまでもないことだがアメリカは、最初からゲリラ戦に持ち込む準備をしている国を攻撃し、占領することを好まない。弱小諸国にとっては、「我々は開戦前から、長期のゲリラ戦を実行する準備をしている」という戦争プランを顕示しておくことが、アメリカの一極戦略に対する効果的な抑止力となるのである。（すでに米陸軍と海兵隊の最高幹部は、「我々は、イラン占領に絶対反対である」という立場を明確にしている。）

十九〜二十世紀の戦争に見られたアメリカの戦争方法は、非正規的な戦争方法（ゲリラ戦争やテロ闘争）を採用する国との紛争には向いていないものであった。軍事史学者のラッセル・ワイグリーは、「アメリカ的な戦争方法とは、大量のハイテク武器と大量の爆弾投下・砲撃に依存する戦争のやり方だ」と述べている。敵国の軍隊・産業地帯・住宅地域に爆弾を豪雨のように降らせて、敵の抗戦能力を「一挙に消滅させてしまう」のが「アメリカ的な戦争」なのである。

アメリカが日米戦争と朝鮮戦争において「爆弾を豪雨のように降り注ぐ」という戦争方法——明白な戦争犯罪——を実行しても、ほとんど問題にならなかった。当時はテレビの実況中継が存在していない時代であったから、米軍がどれほど大規模な民間人の無差別殺害を実行しても、戦地にいない人たちにその残虐性が直接伝わることはなかったからである。しかしベトナム戦争では、事情が違っていた。世界中の国で、一般市民が夕餉の席でテレビを見ながら、「陽気で勇敢なアメリカン・ボーイズが、恐怖で顔を引きつらせて必死になって逃げまどう非武装のベトナムの婦女子に、大量のナパーム弾とクラスター弾を浴びせる」というニュースを、生放送で「観賞」できるようになったのである。（ベトナム戦争において米軍が殺害した約三百万のベトナム人のうち、八割以上が非武装の一般市民であった。）

テレビの登場により、非対称的・非正規的な戦争（ゲリラ戦）において「アメリカ的な戦争のやり方」を実行すると、その残虐性と無差別性が即座に世界中に報道されてしまう、という都合の悪い事態が発生したのである。

■現代の戦争の勝利とは？

一九六三〜七二年の期間、米軍はベトコン（南ベトナムの共産ゲリラ）と北ベトナム正規軍に対して、全戦全勝していた。日米の左翼マスコミ機関が「米軍が苦戦した」かのように報道した有名な「テト攻勢」（一九六八年）においても、実際の戦果は、米軍の大勝利であった。しかし戦場でどれほどアメリカが全戦全勝し続けても、世界中の国で――そして、アメリカ国内においても――「米軍の残虐性」に対する嫌悪感と侮蔑感は高まるばかりであった。非対称的・非正規的な戦争とは、その本質において政治的な闘争なのであり、米軍が圧倒的に強く、敵に対して全戦全勝していても、国際政治におけるアメリカの立場は不利になるばかりだったのである。

南ベトナムの首都サイゴンが北ベトナム軍に占拠された一九七五年の春、米陸軍の著名な参謀将校、ハリー・サマーズ大佐（米陸軍大学教官）は、北ベトナム軍の参謀将校、チュー大佐と議論していた。サマーズ大佐が、「ベトナム戦争の最中、米軍は一度も負けなかった！」と言うと、チュー大佐はケロッとした態度で、「それは、そうかもしれない。しかし、米軍が個々の戦闘にすべて勝っていたという事実は無意味なのだ」と答えたという。たとえ世界一の軍事力を誇るアメリカが全ての戦闘に勝利しても、非対称的戦争という長期的な政治闘争に勝利したのは、圧倒的に戦力劣勢な北ベトナムだったのである。

ジョンズ・ホプキンス大学のディビッド・カレオは、アメリカはゲリラ戦争や対テロ闘争に深入りすべきではないとして、次のように解説している。

「二十一世紀の国際政治において、アメリカの圧倒的に優越した軍事力を誇示して敵性国を威圧していく、という覇権主義的なやり方は、効率の良い外交ではない。アメリカが軍事力を誇示して弱小諸国を脅しつければ、弱小諸国はゲリラ戦やテロ闘争という対抗手段を採用して抵抗を続ける。弱小諸国を恫喝してアメリカの国家意志を押し付けるやり方は、米外交のトラブルを増やしてきただけだ……。

弱小諸国がテロ闘争という手段を使うのは、弱い立場にある国にとって自然な反応なのだ。勿論、アメリカは、『テロは民間人の無差別虐殺だ。絶対に許せない！』と宣言してきた。しかし今まで、アメリカの空爆やミサイル攻撃によって他国の民間人を殺害してきた行為は、テロではなかったのだろうか？　反米テロ闘争を行っている弱小国の国民は、『テロは絶対に許せない！』という米政府の正義感に満ちた外交に、納得しているわけではないのだ」（Follies of Power）

キッシンジャーも、「非正規的戦争（ゲリラ戦）においては、アメリカの通常戦力が圧倒的に優越しているという事実は、あまり意味を持たない」と述べている。

「ゲリラ勢力は、特定の領土や領域を防衛する必要性を感じない。形勢が不利な場合、ゲリラ勢力は何処かに雲散霧消してしまうことができる。特定の領域を守ろうとしないゲリラに対して、米軍が優越した兵器や空爆能力を動員しても、ほとんど効果はない。ゲリラ戦争とは〝戦線や戦域が何処にあるのか不明な戦争〟なのだ……ゲリラ戦は必然的に持久戦となり、ゲリラ勢力は〝逃げ回って生き延びることによって、持久戦に勝つ〟という闘い方をする」（Diplomacy）

イラク占領において現地の米軍の最高指揮官を務めたジョン・アビゼェイド元陸軍大将は、帰国後、ハーバード大学における講義で、「米軍は、長期の持久戦を闘うには不適切な軍隊だ。米軍が得意とするのは、精密兵器を使用して短期間にハイ・スピードで敵軍を打破する戦争だ。イラクにおける戦争では、短期戦用の米軍を長期戦に使用している」と述べて、米軍が長期のゲリラ戦やテロ闘争に向いていないことを、はっきりと認めている。

一九九〇年代にNATO軍の最高司令官を務めたウェスリー・クラーク元陸軍大将も同じ意見の持ち主である。彼は、『現代の戦争に勝利する』という著作の中で、「米陸軍は、戦争するための軍隊として作られている。他国を占領するために作られた軍隊ではない」と解説し、「米陸軍は、帝国主義的な占領業務を果たすのには向いていない」と述べている。

オバマ政権の初期、米陸軍の最高指揮官を務めたジョージ・ケーシー大将も、イラク・アフガニスタンの長期占領に反対する立場を明確にしていた。「陸軍の将校と兵士たちは、これ以上の長期占領任務に耐えられない」というのが、ケーシー大将の正直な意見である。ゲリラ戦争やテロ闘争という「我慢比べの非正規的戦争」において、最初に「こんな戦争は、もうウンザリだ。なるべく早く撤退したい」と言い出すのは、正規軍（占領軍）の方なのである。

長期のゲリラ戦やテロ闘争にウンザリしているのは、軍人だけではない。二〇〇七年以降、米国民の七割以上がイラクとアフガニスタンの長期占領に反対している。その結果、アメリカの世論は、「これ以上、他国の紛争に巻き込まれるのは御免だ」という孤立主義的な方向に動いている。米国民の大半は、ゲリラ戦士やテロ勢力と「占領地における、我慢比べの持久戦」をやりたがる「好戦モード」ではないのである。

（親イスラエル勢力の影響が強いアメリカの大手マスコミ機関は、過去八年間の米国民の厭戦感情を過少報道してきた。イスラエル政府と米国内のイスラエル・ロビーが、「アメリカのイスラム教諸国に対する軍事介入を、今後も長期間継続させたい」と望んでいるからである。

この事情に関して興味のある読者は、シカゴ大学のジョン・ミアシャイマーとハーバード大学のスティーブン・ウォルトの共著、The Israel Lobby and US Foreign Policy（2007）、元連邦下院外交委メンバー、ポール・フィンドリーのThey Dare to Speak Out（1985）とDeliberate Deceptions（1995）、元国務副長官ジョージ・ボールのThe Passionate Attachment: America's Involvement with Israel（1992）、英インディペンデント紙の外交コラムニスト、ロバート・フィスクのThe Great War for Civilisation（2007）をお読みになることを薦めたい。「イスラエル・ロビーが、どのようなやり方でアメリカ外交を操作してきたのか」という事情を、明瞭に理解されるはずである。）

第五章で引用したクラウゼヴィッツの重要なアドバイスを、もう一度繰り返したい。
「政治的目的こそが最も大切であり、戦争は（その目的を達成するための）手段にすぎない。政治的な目的が欠けている場合、戦争という手段を使ってはならない……戦争の真の目的は、自国にとって有利な政治的状況を作り出すことにある。単に敵軍を物理的に破壊することは、戦争の真の目的ではない」

アメリカの軍事力がどれほど巨大であり、世界無比であっても、反米的な弱小諸国は非正規的な戦争方法によって、アメリカの覇権戦略に対抗することができる。「戦争とは、本質的に政治的な行為」なのである。アメリカが世界の一極支配を目指しても、反米的な弱小諸国は、それに抵抗する政治的手段を持っている。二十一世紀の国際構造の多極化は不可避である。

■イラク戦費は三兆ドル！

③　**アメリカは、現在の兵員規模の陸軍と海兵隊で世界の重要地域を支配することはできない。しかも米政府の世界支配戦略（一極覇権構想）は国民の理解と支持を得ていないため、この戦略を遂行するのに必要な徴兵制を採用することは政治的に不可能である。自国民の反撥を恐れて徴兵制さえ実施できない国が、「世界中の国を支配したい」という覇権願望を持つのは非論理的である。**

すでに説明したように、一九九〇年代初期に一極覇権戦略を構想した米民主・共和両党の外交政策エスタブリッシュメントは、この戦略の真の目的を国民に説明してこなかった。「アメリカ国民がこの一方的な世界戦略について知らされたら、彼らはこの戦略を実行するのにかかるコストとリスクに対して反撥するだろう。アメリカ国民は、〝アメリカが世界覇権を掌握すべきだ〟などと考えていないからだ」（ハンティントン）という事情があったからである。

国民に対して明瞭に説明されず、連邦議会やマスコミにおいて率直に議論されることがなかった覇権主義的グランド・ストラテジーを実行するために、米政府が徴兵制を採用することは不可能であった。したがって冷戦後のアメリカの一極覇権構想は、志願制に基づく軍隊によって遂行される必要があった。しかし幸か不幸か、米政府が現在の兵員規模の陸軍と海兵隊を使用することによって世界中の紛争地域を支配しようとすることは、最初から不可能なのであった。

レーガン政権時代の米陸軍には七十八万の兵士がいた。冷戦期のアメリカのグランド・ストラテジーは、「米軍がユーラシア大陸の三重要地域――西欧・中東・東アジア――を支配することによってソ連陣営を封じ込めておき、アメリカが世界を支配する。これら三地域のうちの二ヵ所で同時に戦争が発生した場合に備えて、アメリカは二つの地域で大規模な戦争を遂行し、勝利するのに必要な軍事力を維持する」というものであった。この「二つの重要地域で、同時に大規模な戦争を闘う」というグランド・ストラテジーに必要な米陸軍の規模は、最低でも七十八万人、と計算されていたのである。

しかし冷戦終了後、クリントン政権は、米陸軍の規模を七十五万人から四十八万人に減らしてしまった。一極覇権戦略を採用したクリントン政権は、次世代兵器の研究開発予算を減らさなかったが、志願制における兵士はコストが高い――給料よりも、医療費、住宅費、年金等のコストが高い――ため、人件費のカットを優先したのである。「RMA（軍事革命）による優位性のため、兵隊の数は少なくても良い」という、当時流行していた間違った楽観論も、米陸軍と海兵隊の兵員数を減らすことに貢献した。（クリントン政権時代、米軍全体の兵員数は二百万から百四十万に低下した。）

しかし次のブッシュ政権がアフガニスタンとイラクで戦争を始めると、四十八万の陸軍兵士では、これら二国の占領任務にまったく不足であることが判明した。同政権は陸軍の兵員数を五十五万人に増やしたが、米国民の過半数が占領継続に反対している国内情勢において、陸軍兵士をそれ以上増やすことは不可能であった。第五章で説明したように、ラムズフェルド国防長官とウォルフォウィッツ国防副長官があれほど自慢していた「あっと言う間に勝つ、素晴らしいRMA戦争」は、占領地におけるゲリラ戦やテロ闘争に対して、あまり有効ではなかった。「イラクを占領するには、数倍の規模の陸軍兵士が必要である」と連邦議会で正直に証言してクビになった日系米人のシンセキ陸軍大将が主張したように、米軍がどれほど高価なRMA兵器を使用しても、敵国の占領という伝統的な任務には数多くの兵隊が必要であることが実証されたのである。

アメリカの軍事学者は、冷戦後の「一極覇権による世界支配」という構想を本当に実現するためには、「最低でも八十～九十万人規模の米陸軍が必要」と分析している。冷戦後のアメリカは、冷戦期の「西欧・中東・東アジア三地域の支配」に加えて、「北アフリカ、東アフリカ、東欧、バルト海沿岸地域、バルカン半島、コーカサス地域、黒海沿岸、中央アジア、南西アジア地域」まで、アメリカの勢力圏に併合しようとしてきたからである。

しかし米陸軍を八十万人規模にするのは現在のアメリカの財政事情では絶対に不可能なことであり、しかも米陸軍の幹部自身が、そのような大規模な陸軍を維持することを望んでいない。（二〇〇三年のイラク占領後、アメリカのイスラエル・ロビー、ネオコン、ネオリベラルの三勢力は、米軍にシリアとイランを攻撃させようと政治工作したが、米陸軍と海兵隊の幹部は、「これ以上の中東戦争の拡大は、絶対反対だ」という立場を明らかにした。アメリカの職業軍人たちは、アメリカの政治家・言論人・外交政策ロビーよりも、まともな政策判断力を持っている。）

二十一世紀に入ってから米軍の戦争コストは、国防総省の予測よりもはるかに速いスピードで上昇している。例えばブッシュ（息子）政権は当初、イラク戦争のコストを「五百億ドル程度」と予測していたが、実際には二〇一一年までに九千億ドルも使った。しかもこの九千億ドルという数字は、戦争によって消耗して使用できなくなった兵器や装備、イラク戦争で負傷して引退した兵士と身体障害者・精神障害者となった四万人以上の兵士の医療費、生活補助費、年金等のコストを含んでいない数字である。ジョセフ・スティグリッツ（コロンビア大学）の計算によると、「すべての経済コストを計算した場合、イラク戦争の費用は三兆ドルに達する」

という。初期の「五百億ドル程度」という戦費推定の六十倍（！）の額である。ブッシュ、パウエル、ライス、イスラエルのシャロン元首相、ネタンヤフ現首相等が、「サダム・フセインは大量破壊兵器を隠し持っている！」と嘘をついて始めた戦争は、途方もなく高くついた戦争となった。

中国や北朝鮮のような全体主義国家は、徴兵制を利用することによって「安い兵隊」をいくらでも「使い捨て」できるから、兵員コストの急上昇に悩まされることはない。しかし志願制のアメリカでは、一旦戦争を始めると人件コストが急上昇していく。MITの軍事学者、バリー・ポーゼンは、「アメリカの軍部にとって、兵隊とは〝高くつきすぎて、そう簡単に使えない〟ものとなってきた。現在の国防総省は、兵員数を削減することを望んでいる。志願兵は非常に高価な兵隊であるから、アメリカは今後、多数の陸軍兵や海兵隊員が敵地を長期占領しなければならない戦争を避ける必要がある」(Command of Commons) と述べている。

ゲーツ前国防長官も二〇一一年二月のスピーチで、「アジアや中東で、大量の米陸軍兵士がもう一度戦争を行うべきだ、と主張する将来の国防長官がいるとすれば、その男の頭はどうかしている」と述べている。(「兵隊さんはとても高価な貴重品だから、もったいなくて戦場に出せない」という財政事情に悩まされている国が、「一極覇権を確立して、世界中の国を支配したい」という野心に満ちた戦略を実行しようとしたのは、実に奇妙な話である。)

二〇〇九年末、オバマ大統領はアフガニスタンに米軍兵士を三万人増派すると決定した。二〇一一年のペンタゴンの報告書によると、一人のアメリカ兵をアフガニスタンに一年間駐留させるのに掛かる費用は、百三十万ドル（約一億一千万円）であるという。陸軍兵士の大部分は高卒であり、その約二割は高校中退者である。彼らを戦地に駐留させておくのに、毎年、一人当たり百三十万ドルも掛かるというのは、実に高価な話である。

二〇一一年末の連邦議会予算案によれば、二〇一四年以降の米軍事予算は急速に低下していく。その一方、米軍の購入している兵器の価格上昇率はインフレ率以上であり、兵隊を維持するための人件コストも、毎年、七％ずつ上昇している。ゲーツ前国防長官は、「軍事予算を毎年、実質で三％ずつ増加させせないのなら、今後、米軍の兵員数（現在、約百四十万人）を削減する必要がある」と述べている。

二〇一一年以降、アメリカのベビーブーム世代が大量に引退し始めるため、税収が停滞し、老人医療費と年金の国家負担が急上昇していく。米政府には軍事予算を増やす余裕はない。今後、米軍の兵力削減は不可避となるだろう。（国防総省は二〇一二年一月、陸軍と海兵隊の定員数を十万人削減すると決定した。しかも連邦議会は、二〇一四年以降の米軍事予算をさらに削減する予定である。今後、より大規模な兵員削減が必要になるだろうと予測されている。）

■ＱＤＲの歴史的「告白」

アメリカが人口二千数百万に過ぎないイラクとアフガニスタンの占領に苦労しているという事実によって、米軍の兵力不足が明らかとなった。このため二〇一〇年二月に公開されたＱＤＲ――四年ごとに発表される、国防政策の基礎的な報告書――では、第二次大戦後初めて、「米軍が二地域における大規模な戦争を同時に戦うのは、不可能である」ことが明記された。

トルーマン政権以降、歴代のアメリカ政権は一貫して、「米軍がヨーロッパ・中東・東アジアの三重要地域を支配する。これら三地域のうちの二地域で戦争が発生した場合、米軍は二地域で同時に戦争を遂行し、勝利する能力を持つ」と明言してきた。しかし遂に二〇一〇年、「アメリカは二地域で同時に大規模な戦争をする能力を失った」と認めざるを得なくなったのである。

これは日本にとって非常に重要なことである。死活的に重要なことである。日本の基本的なグランド・ストラテジー（＝対米依存主義）を根本的に変更する必要性を生じさせる、重要な国際情勢の変化である。

敗戦国日本は、「アメリカは、世界の二地域で同時に大規模な戦争を遂行する能力を持っている。したがって日本は自主防衛能力を持つ必要はない」という依存主義の国家体制を採用してきた。〝吉田外交〟とか〝吉田ドクトリン〟などと呼ばれたこの政策は、「ヨーロッパや中東で大戦争が起きても、アメリカは同時に東アジア地域で大規模な戦争を実行する能力を持っている。したがって日本は自主防衛能力を持たず、米外交に追従していれば良い」というロジックになっていた。

しかし、アメリカが二地域で同時に大規模な戦争を実行する能力を失っているのなら、日本は自主防衛能力を構築しなければいけないことになる。過去六十年間の日本政府の安易で単純な依存主義を継続するのは、不可能となる。より具体的に説明すると、「ヨーロッパや中近東で大戦争が発生した時、中国軍が日本や台湾を威嚇（もしくは奇襲攻撃）しても、アメリカは東アジア地域で中国と本格的な戦争を実行する能力を持っていない。したがって米政府は攻撃的な中国に対して、宥和政策を採らざるを得なくなる」という事態になるのである。

その場合、アメリカの政治家たちは、「中国に有利、日本に不利」な妥協策を中国に提示して、中国軍との正面衝突を避けようとするだろう。二地域で大規模な戦争を実行する能力を持たないアメリカにとって、これは当然の反応である。そして自主防衛能力を持たない日本は、「アメリカに見捨てられて——もしくは裏切られて——も、ひたすら泣き寝入りするしかない」という結果になる。「自分の国は自分で守る」という独立国としての最も重要な義務から逃げ続けてきた日本にとって、これは当然の運命である。

「同盟国に自国の安全保障を任せようとする依存主義の戦略は、根本的に間違いである。すべての独立国にとって最終的に頼りになるのは、自国の国防力と自国民の士気だけである」というのが、国際政治学の主流派であるリアリスト学派の定説である。著名なリアリスト派の学者、スパイクマン（イェール大）、ジャービス（コロンビア大）、ウォルツ、ミアシャイマー等は、「同盟国の約束など、あてにならない。軍事大国が同盟国との条約や国際法を無視しても、処罰されない」と明言してきた。

実際にアメリカは過去二百三十年間の外交において、同盟国を何度も裏切ってきた。フランス革命時に米仏両国は同盟関係にあったが、アメリカはヨーロッパの紛争でフランスの味方をすることを拒否した。ベトナム戦争の真っ最中の一九七二年春、アメリカは「民主主義・自由主義の価値観を共有する同盟国」南ベトナムを、冷酷に見捨てる決定をしている。同盟関係というものは所詮、「どちらか一方の国益に都合が悪くなれば、あっと言う間に空洞化してしまうもの」なのである。

〝吉田外交〟〝吉田ドクトリン〟と呼ばれた敗戦国・日本の依存主義は、本質的にアンチ・リアリスト的な国家戦略であった。「安易な依存主義を提唱してきた」という点において、日本の護憲左翼と親米保守は「同じ穴の貉《むじな》」なのである。

■アメリカは日本を助けられない

実は米軍が「二地域で同時に大規模な戦争を実行する」という能力を失ったのは、クリントン政権時であった。すでに述べたようにクリントン政権は、米陸軍の規模を七十五万人から四十八万人に減らしてしまった。この時点で米軍は、「ヨーロッパ・中東・東アジア三地域のうちの二地域で、同時に大規模な戦争を実行する」という能力を失っていた。しかし幸か不幸か「冷戦の敗者」ロシアが、エリツィンの失政によって大混乱していたため、「アメリカは世界無敵の超大国だ」というイメージがますます強くなり、米陸軍と海兵隊の兵力規模が急速に縮小していた事実は、ほとんど注目されなかった。

ブッシュ（息子）政権時になると、「アメリカは、二地域で大規模な戦争をする能力を失った」という情報が、米マスコミに載るようになった。例えば二〇〇五年七月のニューヨーク・タイムズ紙は、国防総省官僚の「我々は長期間、米軍は二地域で同時に戦争できると主張してきたが、実際にはそのような能力を失っている」というコメントを載せている。

同紙の別の記事（二〇〇六年十月）は、「リチャード・マイヤーズ前統合参謀会議議長は連邦議会に提出した秘密報告書の中で、〝米陸軍と海兵隊は、朝鮮半島で戦争するための兵力を持っていない〟と記述している」と報道している。ブッシュ政権が中国の大軍拡と北朝鮮の核兵器増産に対して（日本の国益にダメージを与える）宥和政策を繰り返していたのも、納得できる話である。

言うまでもなく中国と北朝鮮は、「兵力不足の米軍は、東アジア地域で本格的な戦争ができない」ということを百も承知である。これら二国がアメリカの圧力と恫喝に屈しなかったのは、そのためである。（この事情を理解できない——都合が悪いから、理解したくない——のは、日本の官僚と政治家だけである。）

翌年のワシントン・ポスト紙（二〇〇七年三月）は、「陸軍兵士と海兵隊員が不足しているため、アメリカはイランや朝鮮半島で戦争できない。アメリカは、空軍と海軍の能力だけに頼る戦争は実行できない」という記事を載せている。同時期に米陸軍のピーター・シューメーカー参謀総長は、「アメリカの兵力は、アメリカの軍事戦略を実際に実行するには不足している」と議会で証言している。「二地域での大規模な戦争は無理だ」という正直な発言である。

アメリカが「二地域で同時に大規模な戦争を実行する」という能力を失ったことの深刻な意味に関して、シカゴ大学の軍事学者、ロバート・ペイプは、次のように解説している。

「アメリカの世界諸地域に対する軍事的なコミットメントは、明らかにコスト過大の状態になっている。冷戦時代のアメリカのヨーロッパ・中東・アジアに対する軍事的なコミットメントを、今後も維持していくのは不可能だ。アメリカの経済規模が世界経済の三〇％であった時は、これらのコミットメントを維持することができた。しかし現在のアメリカ経済の実力では、無理である……。

イラクとアフガニスタンの占領に手こずっている米軍は、ヨーロッパから撤退し始めた。ロシア軍がグルジアを攻撃しても、アメリカはその行為を牽制することができなかった。もし近い将来、中国軍が台湾を攻撃した場合、アメリカがそれに対して大規模な軍事介入を実行する能力を持っているかどうか、私は疑問に思う。アメリカはすでに、世界の二地域で本格的な戦争を行う能力を失っているからだ。

たとえ今後、米軍がイラクからスムーズに撤退できたとしても、アメリカが二地域での戦争能力を回復することはないだろう。アメリカは、グランド・ストラテジーを根本的に考え直すべきだ。ヨーロッパ・中東・東アジアの三地域のうち、アメリカにとって最も重要なのはペルシャ湾地域だ。アメリカは、この地域から撤退することはできない。したがってアメリカは、ヨーロッパとアジアに対する戦略的なコミットメントを低下させていく必要がある。

アメリカは今後、ヨーロッパとアジアに対する軍事的コミットメントを徐々に減らしていくだろう。アメリカは、地域的な覇権国である中国やロシアと妥協し、協調していく外交を実行する必要がある。リアリスト的な外交政策の視点からは、そのような戦略的対応が必要となるだろう」(Empire Falls)

ジョージタウン大学の国際政治学者、チャールズ・カプチャン――キッシンジャーと親しいリアリスト派の学者――もペイプと同様、「アメリカは、ヨーロッパと東アジアにおける軍事的コミットメントを減らしていき、ロシアや中国と大国間協調外交を実現すべきだ」という意見である。キッシンジャーやカプチャンの構想によれば、将来の東アジアは、アメリカ覇権と中国覇権の「共同管理地域」（コンドミニアム）となるのである。国務省のアジア政策担当官には、この「米中両覇権による東アジア共同管理プラン」に賛成する者が少なくない。「二つの重要地域で、同時に大規模な戦争を闘う」という能力を失ったアメリカは、「中国が、アジアの覇権国となることを阻止する能力を持たなくなる」（ハンティントン）のである。

■避けられない財政悪化

④　二〇一一年以降、アメリカのベビーブーム世代が大量に（七千八百万人）引退し始める。このため二〇一六年以降の米政府の財政状況は、着々と悪化していく。すでに世界最大の債務国であり、国民の平均貯蓄率も異常に低いアメリカが、現在のような軍事支出を維持するのは不可能である。二〇二〇年代になると米政府は、「米軍が、中東と東アジア地域を同時に支配し続ける」という現在のグランド・ストラテジーをギブ・アップせざるをえなくなり、国際構造の多極化は不可避となる。

今後三十年間の米財政構造が継続的に悪化し、アメリカの経済力が相対的に衰退していく原因として、以下、五つのものがある。

（１）二〇一六年から二〇四〇年代まで三十年以上にわたって、アメリカの財政構造は着実に悪化していく。引退者人口の激増と米経済の慢性的な資本不足が、長期的な財政構造の悪化を不可避とするからである。元ハーバード大学の経済学教授でありブッシュ（息子）政権の国家経済会議議長を務めたローレンス・リンゼーは、「二〇一〇年代後半期の構造的な財政赤字は、恒常的にGDP七％を超えるだろう」と計算している。すでに世界最大の借金国であり、連年の経常収支も巨額の赤字であり、国民の貯蓄率がゼロに近い米経済にとって、これは非常に危険なレベルの構造的な財政赤字である。

アメリカは恒常的に自国の発行する赤字国債（米財務省証券）の半分を、外国の政府と金融機関に購入してもらわなければ財政運営ができない。二〇一六年以降、外国の中央銀行と投資機関が、アメリカの大量の国債発行を買い支えることを拒否するようになれば――そうなる可能性は高い――「アメリカの財政赤字は、即座に国際通貨危機を惹き起こすだろう」と予測されている。（日本の国債の九五％は日本国内で保有されているため、日本政府が財政困難に陥っても通貨危機を惹き起こす可能性は低い。）

二〇一一～三〇年の期間に、アメリカの引退者人口は二倍になる。そのため税収が低下し、引退者をサポートするための政府支出――年金と老人医療費――が急増していく。しかしこの期間、アメリカの勤労者（十八〜六十四歳）の人口は、たった一八％しか増えない。今後、急激に上昇していくベビーブーマーの引退コストを支払うには、明らかに不十分な勤労者の増加数である。（しかもこれらの勤労者増加のほとんどは、平均所得の低いヒスパニックと黒人の労働者である。したがって今後の連邦政府税収の増加は低いレベルに留まる。）

連邦議会予算局の計算によると、急増する引退者をサポートするために連邦政府が支出する経費は、一九九〇年には連邦予算全体の二九％であったが、二〇〇〇年には三五％となり、二〇一〇年代末には五〇％を超え、二〇二〇年代後半期には七五％に達するという。言うまでもないことだが、国家予算の五〇〜七五％にも達する金額を引退者に支払うのは不可能である。

グリーンスパンFRB前議長は二〇〇五年の議会証言で、「引退者に対する年金と医療費を根本的に削減できないのならば、アメリカの財政赤字は急増していく。二〇一五〜二五年の時期に、米財政は非常に深刻な状態になる。今後、急増していく財政赤字を借金によって賄おうとすれば、（それによって惹き起こされる資本不足のため）利子率が上昇していく。そのことが政府の借金の利子負担をさらに増大させ、財政状況をますます悪化させる。二〇一五年以降に生じる高利子率と資本不足という経済環境は、アメリカ経済の長期的な停滞を惹き起こすだろう」と予告している。

バーナンキFRB議長も二〇〇七年の議会証言において、「引退者に対する年金と医療費負担の急増が、連邦政府の借金と利子負担を急上昇させ、いずれ財政危機を惹き起こすことになるだろう」と予告している。この予告の後、二〇〇八〜〇九年の金融大恐慌のため、米政府の財政状況は急激に悪化した。二〇一〇年春、バーナンキは、「十年以内に、アメリカで財政危機が発生するのではないか」と述べている。

二〇二〇年代の前半期――もしくは二〇一〇年代の後半期――に財政危機に陥る米政府は、軍事予算を大幅にカットせざるをえない状況に追い込まれる。財政構造が着々と悪化していくことは、アメリカの勢力圏縮小を不可避とするだろう。

（2）アメリカにおける医療費の異常な高騰。

二〇一一年に米国民が医療費として使った金額は、GDPの一八%である。このGDP比率は、他の先進産業諸国の医療費負担率の二倍の高さである。しかも今後、引退者人口が急増していくアメリカでは、政府の医療費負担がさらに上昇していく。

一九六〇年、アメリカの医療費はGDPの五%であった。しかし一九八二年にはGDPの一〇%、二〇〇三年には一五%、二〇一一年には一八%に達した。二〇一六年になると、GDPの二〇%を超えるだろうと予測されている。（二〇三〇年代の後半期になると、米GDPの三分の一が医療費に使われるだろうと予測されている。）

多くの米エコノミストが、「アメリカの医療費の高騰は、今後のアメリカが財政危機を惹き起こす大きな要因となる」と予告している。このように巨大な医療費負担を抱える国が、「世界の軍事費の五割を支出して、中東と東アジアを支配し続ける」という覇権主義的なグランド・ストラテジーを継続するのは、経済的に不可能なのである。

（3）今後少なくとも三十年以上続くアメリカのヒスパニック人口の急増と、アメリカの白人人口の少数民族化も、アメリカの外交戦略に巨大な影響を及ぼす（ヒスパニックとは、中南米系のアメリカ人のこと）。

二〇二〇年代の前半期に、アメリカの青少年人口の過半数は非白人となり、二〇四二年ころ、アメリカの白人は少数民族となる。アメリカの白人人口はすでに顕著な少子高齢化現象を示しており、今後のアメリカの人口増加は、ヒスパニック人口の増加に頼るしかない。そしてこの「人口のヒスパニック化」のトレンドは、アメリカの平均貯蓄率、平均学力、労働生産性、社会治安、福祉依存率等にネガティブな影響を与えるだろう、と予測されている。

ヒスパニック人口の七割は、米軍事予算の削減に賛成である。ヒスパニックの大部分は中南米諸国の出身者であり、自分たちの祖国が十九〜二十世紀、米政府の「砲艦外交」と米陸軍・海兵隊による武力干渉の犠牲となってきたことを明確に憶えているからである。今後三十年間、急速に「ヒスパニック化」していくアメリカの政治は、〝軍事支出を減らして、アメリカの勢力圏を縮小していく〟という非覇権主義的なグランド・ストラテジーを選択する可能性が高い。

（4）過去三十年間のアメリカの所得と資産の配分に異常な歪みが生じ、人口のトップ一％層に所得と資産が集中してきた。その一方、アメリカ国民のボトム四割の実質所得は低下し、中間層二割の国民の実質所得は停滞してきた。このため平均的な国民の家計は、顕著な債務過剰・貯蓄欠如の状態となってしまった。

クリントン政権とブッシュ（息子）政権は国民の慢性的な過少貯蓄を誤魔化すため、毎年、全世界の貯蓄増加量の八割を借り入れて、アメリカの過剰消費を支えていた。このような不健全な経済運営が長続きせず、債務過剰のアメリカが——不正な金融商品を世界中の金融機関に大量に売りつけるという行為によって——二〇〇八～〇九年の世界金融恐慌を惹き起こしたのは、ある意味で〝自然な成り行き〟であった。

オバマ政権も金持ち優遇政策を続けており、二〇〇九～一一年、米人口のトップ一％層に所得と資産が集中する現象は、ブッシュ（息子）政権時よりも激化している。過去二十年間、米金融業者の政治資金の七割が民主党側に流れ込んできたことを考えれば、クリントン・オバマ民主党政権の「金持ち優遇」政策は〝政治的な整合性を持つ政策〟と言えるかもしれない。二〇一一年秋、全米の数十の都市において「金融街を占拠せよ（Occupy Wall Street）」という抗議運動が発生したが、その参加者のほとんどは、二〇〇八年の大統領選挙でオバマに投票した人たちであった。彼らは、「庶民の味方」と政治宣伝してきた民主党が（共和党政権よりも露骨に）貧富の差を拡大させる政策を実行したことに憤慨し、抗議運動を始めたのである。

貧富の差が顕著となり、三十年間も実質所得レベルが低下（もしくは停滞）してきた約六割の国民の間に深刻な経済不満が蓄積しているアメリカは、今後、保護主義的通商政策と孤立主義的外交政策に戻る可能性が高い。アメリカは十七世紀から一九三〇年代末まで、保護主義的・孤立主義的な傾向が強い国であった。二〇二〇年以降、深刻な経済問題に直面するアメリカが、また保護主義と孤立主義に戻るとしても、それほど奇異なことではない。このことも今後、アメリカの勢力圏を縮小していく原因となるだろう。

（5）今後十〜十五年以内に米ドルは国際準備通貨としての地位を失い、アメリカは、「毎年、他国の中央銀行と金融機関にアメリカの赤字国債を強制的に購入させて、自国の財政赤字と経常赤字を低い利子率でファイナンスさせる」という〝途方もない特権〟（ジスカール・デスタン仏大統領）を失う。

「近い将来、米ドルは国際基軸通貨（国際準備通貨）としての地位を失うだろう」という経済分析は、すでにIMFとCIAのエコノミストが報告書の中で述べている。著名な経済学者であるスティグリッツ、アイケングリーン（カリフォルニア大）、バーグステン（国際経済研究所）も、米ドルが近い将来、国際準備通貨の地位を失うことを予告している。

米ドルが国際準備通貨という特権的な地位を失うと、慢性的に資本不足構造の米経済の実質利子率は、恒常的に高いレベルとなる。その結果、米財政の運営はますます困難になっていく。アメリカの経済成長率は長期的に鈍化――もしくは長期的に停滞――し、国家の利子負担も急速に上昇していく。ノーベル経済学賞受賞者であるポール・クルーグマンとスティグリッツ、元IMFチーフ・エコノミストのケネス・ロゴフ（ハーバード大）が、この実質利子率の長期的上昇と米経済の長期的な停滞を予告している。

アメリカが、「国際準備通貨である米ドルを大量に増刷して通貨市場で通用させ、毎年、巨額の借金を繰り返す」という〝途方もない特権〟を失えば、財政危機と米軍事予算の大幅な削減は不可避となる。今後、米ドルが準備通貨の地位から滑り落ちていくという事情も、アメリカの勢力圏縮小と国際構造の多極化を不可避とする要因となるだろう。

（紙面の制約により、本書では以上五つの要因に関して簡潔な記述しかできない。これら五つの要因に関してより詳しい説明に興味のある読者は、拙著『中国の核戦力に日本は屈服する』〔小学館101新書〕の第五章を参照してください。）

アメリカが十～十五年以内に財政危機と通貨危機を惹き起こすこれら五つの要因——①引退者人口の激増、②巨大な医療費負担、③米人口のヒスパニック化、④貧富の差拡大と平均家庭の債務過剰、⑤米ドルが特権的地位を失うこと——を考慮すれば、「第二次大戦後にアメリカが創った国際通貨システムと軍事システムが、今後十～十五年以内に破綻していく」という深刻な事情が、御理解いただけたのではないだろうか。

終章　依存主義から脱却せよ

■軍事力とは何か

筆者は本書で、冷戦後のアメリカのグランド・ストラテジー――国際構造の一極化とアメリカによる世界覇権の掌握――が明らかに失敗してきたことを解説した。ケナン、ウォルツ、ハンティントン、ミアシャイマー等が指摘したように、アメリカの一極覇権戦略は、軍事的にも財政的にも愚かなグランド・ストラテジーであった。一九九〇年代前半期にはこの一極戦略を支持していたブレジンスキーやスコウクロフトも、二十一世紀になると、一極覇権戦略が失敗であったことを公の席で認めるようになった。

最近、ブレジンスキーは、「軍事力だけ強くても、アメリカは国際的な指導力を発揮できない」と発言している。彼は、「クリントン政権の末期には、アメリカの同盟国も米外交を嫌うようになっていた。ブッシュ（息子）政権時の米軍事力は、ブッシュ（父）政権時よりも強かった。しかしアメリカが国際政治を指導する能力は、ブッシュ（父）政権の方がはるかに優れていた。軍事力の強さと国際政治に対する影響力は、正比例しないのだ」と説明している。

CIAの元上級分析官であり、その情勢分析能力を高く評価されているトーマス・フィンガー（現在はスタンフォード大学教授）も、二〇〇八年九月のスピーチで次のように述べている。「アメリカの軍事力は、世界で最も優越している。しかしアメリカは核兵器を持つ他の諸大国と戦争するわけにはいかないから、軍事力の優越というのはあまり役に立つ能力ではない。アメリカは今後も世界の一流国であり続ける。しかしアメリカが、他の諸大国を威圧したり威嚇したりすることはできない。アメリカの国際政治の指導力は今後、急速に低下していくだろう。アメリカは、自国に都合の良いように国際構造を作りかえる能力を失ってしまった。今後、国際構造の多極化はますます進んでいくだろう」

著名な核戦略理論家であり、『ゲーム理論』によってノーベル経済学賞を受賞したトーマス・シェリングも、軍事力に過剰依存してきたアメリカ外交を戒めている。彼は、「軍事力はディテランス（抑止力）としては有用であるが、コンペレンス（強制力）としては、あまり役に立つ道具ではない」と指摘している。祖国を防衛するための軍事力は高い効力を持つが、他国を威嚇し、自国の国家意志を他国に強制的に押し付けようとする軍事力には、低い効力しかないのである。

（アメリカの一極覇権主義者——共和党のブッシュ（息子）、ラムズフェルド、アーミティッジ、マッケイン、民主党のオルブライト、ゴア、ケリー、リーバーマン等——は、この基礎的な「ディテランスとコンペレンスの違い」さえ理解していなかった！）

ブランダイス大学の軍事学者、ロバート・アートは、現代の国際政治における軍事力の性格について、五つの特徴を挙げている（著書『Use of Force』）。

①祖国を防衛するための軍事力は、他国を征服するための軍事力よりも強い効果を発揮する。
②強力な軍事力によって他国を征服し、占領しても、その国を統治できるとは限らない。
③他国を軍事的に征服しても、征服された国民にその征服行為のレジティマシー（正統性、正当性）を認めさせることはできない。
④コンペレンスは難しい。軍事力はディテランスのため使う方が良い。
⑤他国民のナショナリズムを敵にまわして闘う戦争は、非常に困難な戦争となる。どれほど軍事力が強くても、他国民のナショナリズムを燃え上がらせるような戦争は避けたほうが良い。

これら五つの特徴は、非常に重要なものである。冷戦終了後、「アメリカの圧倒的な軍事力」を利用することによって世界を一極構造に造り変えようとしたアメリカのグランド・ストラテジーは、これら五つの特徴をきちんと考慮せずに構想された国家戦略であった。（戦前の日本の中国占領も、同様の欠点を持っていた。）

クラウゼヴィッツが指摘したように、「軍事政策というのは、政治的な統治行為の下部に属する機能」にすぎない。毎年、中国政府から巨額の借金を繰り返して自国の財政を運営し、国内の政治的な理由により徴兵制すら採用できないアメリカが、「世界中の国を支配したい」という〝一極覇権の夢〟を追い続けたのは、軽率かつ高慢な振る舞いであった。

■「中朝露」戦略の失敗

最近のアメリカの覇権戦略の失敗を見事に利用してきたのが、大軍拡を続ける中国、核弾頭とミサイルの増産を続ける北朝鮮、勢力圏の再構築と北方領土の軍事基地化を進めるロシアである。中朝露三国は、米政府がイスラム教諸国における泥沼化した戦争で身動きがとれなくなり、東アジア地域における軍事介入能力を失ったことを鋭く読み取って、自国の地政学的条件を強化する政策を実行してきた。

米政府のアジア政策担当官は日本に対して、「アメリカが中国の勢力圏拡張政策をヘッジ（牽制・相殺）しているから大丈夫だ。日本人は、自主防衛能力を持つべきではない」と述べてきた。しかし実際には、アメリカは中国をヘッジする能力を失いつつある。過去二十年間、中国の大軍拡と勢力圏の拡張政策は着々と進んできた。最近ではペンタゴンの高官も、「二〇二〇年代になると、アメリカは台湾を防衛する能力を失うだろう」と認めるようになった。ランド研究所も、そのことを認める軍事報告書を出している。

二〇一一年秋、オバマ政権は軍拡を続ける中国に対抗するため、「アメリカの軍事力をアジア・太平洋地域へシフトする」と決定した。しかしアメリカは今後、軍事予算を減らしていかざるをえない財政状況にある。オバマ政権の軍事政策アドバイザーを務めた民主党のマイケル・オハンロン（ブルッキングス研究所）は、「米連邦議会が決めた軍事予算案では、オバマ政権の（中国の脅威から）アジア諸国を守るという約束を遂行することはできない」と明言している。ギルピン（プリンストン大学）が述べたように、「巨額の経常赤字と財政赤字を抱える国が、長期間にわたって海外における覇権を維持することは不可能」なのである。

日本がアメリカの保護領としての環境に安住し、安易な対米依存体制を続けていればすむ時代は終わったのである。そのような時代は、二度と戻ってこないだろう。中国の大軍拡、北朝鮮の核兵器増産、ロシアの再軍国化、米経済力の衰退、今後三十年以上続く米財政構造の悪化、等々の問題は、「日米関係を深化させよ」とか「集団的自衛権を認めよ」などといった単純な政策では、対応できない課題である。日本政府の対米依存主義は、思考力の浅い、間違った国家戦略である。

キッシンジャー、ウォルツ、ミアシャイマー、レイン等が明瞭に指摘してきたように、二十一世紀の日本には、（自主的な核抑止力を含む）自主防衛能力の構築と同盟関係の多角化が必要である。日本が独立国としてのグランド・ストラテジーを構想し、実行する知性と勇気を持たないのならば、日本は今後も、核武装した米中朝露四国に弄《もてあそ》ばれ続けるだけである。すでに解説したように二〇二〇年代になると、財政危機と通貨危機を惹き起こした米政府は、「米軍が、中東と東アジアを同時に支配し続ける」という国家戦略をギブ・アップせざるをえなくなる。

その場合、アメリカが撤退していくのは東アジアであろう。中東は石油・天然ガス資源の宝庫であり、しかも国内の政治、金融、マスコミにおけるイスラエル・ロビーの影響力が異常に強いアメリカは、中東地域から撤退できない。

日本が自主的な核抑止力を構築するために必要な防衛予算は、毎年のGDPの〇・一〜〇・二％程度にすぎない。対米従属体制の継続を主張する親米保守派の言い訳——「日本には、自主防衛する経済力がない」——は、虚偽である。一九五〇〜六〇年代のインドと中国は、三千万人以上の餓死者を出した極貧国であった。しかし当時のインドと中国の指導者は、「多数の国民が餓死しているから、我が国には自主防衛する経済力がない」という言い訳を使っただろうか。フランスの人口と経済規模は、日本の半分にすぎない。しかし過去半世紀間のフランスの指導者たち——ドゴール、ポンピドー、ミッテラン、シラク——は、「フランスには自主防衛する経済力がない。我々はアメリカに守ってもらえば良い」と言って、自主防衛の義務から逃げただろうか。

東アジア地域の地政学的な環境は、今後三十年間、着々と日本にとって危険な方向へ推移していく。自国にとってのバランス・オブ・パワー条件がこれ以上、不利で危険なものになることを阻止するグランド・ストラテジーを構想し、実行することは、日本人の道徳的・軍事的な義務である。日本人がこの義務から眼を逸らし続けて、国内の原発問題や年金問題や老人介護問題ばかり議論しているならば、二〇二〇年代の日本列島は中国の勢力圏に併合されていくだろう。

「日米同盟を深化させよ」とか「集団的自衛権を認めよ」などという単純な依存主義の外交スローガンを振り回すだけでは、日本のグランド・ストラテジーとならない。ハンティントン、ウォルツ、キッシンジャー等が指摘したように、「冷戦後の日本には、自主防衛能力と独立した国家戦略が必要」なのである。

主要戦略家 Who's Who（五十音順）

アイケンベリー（John Ikenberry）

プリンストン大学の国際政治学者。一九八五年、シカゴ大学から博士号を得た。米民主党の一極覇権戦略を支持する外交評論を多数、発表している。アイケンベリーはブッシュ（息子）政権のネオコン外交を批判したが、その批判の理由は「ブッシュ外交は戦術的に粗雑であり、一方的であった。同盟諸国の協力を得られなかった」というものであった。彼はネオコンの一極覇権主義そのものを批判したわけではなかった。

アイケンベリーは「アメリカのリベラルで国際主義的なグランド・ストラテジーとは、国際社会においてアメリカの国益を増強するための制度的な枠組みを創ることだ」と説明している。彼は日本の自主防衛に反対してきたが、「中国は西洋的な国際システムに順応している。中国は現状維持勢力であり、覇権国家ではない」と述べて、対中宥和政策を主張している。

著書に After Victory, Liberal Order and Imperial Ambition, Liberal Leviathan 等がある。アイケンベリーはマクロ経済学を勉強しておらず、十六～十九世紀のヨーロッパ政治史と外交史に関しても皮相な知識しか持っていない。この点において彼は、プリンストン大学の学長を務めたウィルソン大統領に似ている。

ウォルツ（Kenneth Waltz）

一九二四年、ミシガン州生まれ。カリフォルニア大学バークレー校とコロンビア大学の国際政治学者。一九四〇～六〇年代のアメリカの国際政治学に最大の影響を与えたのはモーゲンソーであるが、一九八〇年以降の国際政治学に最大の影響を与えたのはウォルツである。「学者の影響力は、他の学者の論文に引用された頻度で決まる」と言われるが、過去三十年間の欧米の国際政治学者の著作と論文において、最も頻繁に引用されてきたのはウォルツである。（学者としては何の業績もないオルブライトやライスがアメリカの国務長官になり、最大の業績を挙げたウォルツが「普通の米国民には、名前すら知られていない」というのは、皮肉な現象である。）

ウォルツは、ネオ・リアリスト派と呼ばれる国際政治学派を創設した。（キッシンジャー、ブレジンスキー、ケナン、モーゲンソー等は、古典的なリアリストと呼ばれている。）ネオ・リアリスト派は、「国際政治においては、頼りになる世界政府、世界裁判所、世界警察軍は存在しない。軍事強国が弱小国を侵略し、凶悪な戦争犯罪を実行しても、誰もこれら軍事強国を処罰できない。国際政治というのは三千年前から本質的に無政府状態であり、『自分の国は自分で守るしかない』というのが国際政治の原則だ。したがってどの国にとっても、周囲の国とのバランス・オブ・パワー状態を維持することが最も重要だ」と考える。

国際政治の構造的な無政府性と不安定性に注目し、宗教やイデオロギーや好き嫌いの感情を国際政治の判断に持ち込むのを避けようとするのが、ネオ・リアリスト派の特徴である。この学派の学者と戦略家には、覇権主義・武断主義・介入主義を嫌う保守派が多い。

ウォルト（Stephen Walt）

一九五五年、ニュー・メキシコ州のロス・アラモス生まれ。父親は、ロス・アラモス研究所に勤務する核物理学者であった。父が軍事科学者であるという家庭環境のため、軍事政策に興味を持つようになったという。スタンフォード大学とカリフォルニア大学バークレー校で国際政治学を学び、ハーバード大学教授となった。彼はリアリスト派であるが、軍事力の効用を過大評価するアメリカ外交を批判している。

二〇〇七年、ウォルトはシカゴ大学のジョン・

ミアシャイマーと Israel Lobby and US Foreign Policy を共同執筆し、大論争を巻き起こした。米マスコミはこの本を激しく攻撃したが、ハンティントンやブレジンスキーはこの本を擁護した。ウォルトは十数人の友人から、「スティーブ、この本を出したから、君は絶対にアメリカ政府の要職のポストを貰えないぞ」と言われたという。ウォルトは「イスラエル問題は、アメリカのマスコミでタブーとなっている。アメリカでは、イスラエルに関して率直な議論をする言論の自由がない」と述べている。

ウォルトは二〇〇八年の大統領選でオバマを支持したが、翌年にはオバマに失望し、「オバマの言うことに注目しても無駄だ。彼が何をやるかが問題なのだ。オバマは、国際政治における不正と欺瞞を憂慮する高邁なスピーチをするのが上手だ。しかし彼は不正な状態を正すために、何もやらない」と述べている。

カレオ（David Calleo）

一九三四年生まれ、イェール大学で博士号を得て、ジョンズ・ホプキンス大教授となった。専門はヨーロッパ外交と国際経済政策。主著に Europe's Future（1965）、Imperious Economy（1982）、Bankrupting of America（1992）、Follies of Power（2009）がある。

カレオは、「双子の赤字（米経常収支赤字と財政赤字）を放置してきたアメリカは、国際政治における覇権を長期的に維持する能力に欠けている」と主張している。彼は現在のアメリカ政府が財政危機を回避する能力を持たないことに関して、以下三つの理由を挙げている。（1）アメリカの覇権主義外交のため、過剰な軍事支出を抑制する能力を失っている。（2）アメリカの憲法システムはホワイトハウスと連邦議会が対立するように作られており、マクロ経済学的な整合性を持つ予算政策が実行できない仕組みになっている。（3）極端な市場原理主義やサプライ・サイド経済学のような単純な経済イデオロギーが流行しており、健全な財政政策を実行する妨げとなっている。

カレオは冷戦終了後のアメリカの一極覇権構想が失敗してきたのは明らかであると主張し、「ヨーロッパ諸国が、アメリカの一極主義をカウンター・バランスすべきである」と主張している。一極覇権構想は、それを実行しているアメリカの国益にとってマイナスとなっているからである。

キッシンジャー（Henry Kissinger）

一九二三年、ドイツに生まれ、一九三八年にニューヨークに移民した。第二次大戦の兵役を経て一九五四年、ハーバード大学から博士号を得た。ケナンやモーゲンソーと同様、歴史を重視する古典的なリアリストである。出世欲・権力欲が非常に強く、民主党ケネディ政権時代から「重要な政治家のアドバイザー」になろうと努力していた。深い思考力と鋭い心理的な洞察力を備えた、シニカルで冷酷な国際政治学者である。

キッシンジャーは一九六九年、ニクソン大統領によって安全保障補佐官に任命され、ニクソン・フォード両政権の国務長官を務めた。リアリスト派の国際政治学者の大部分はベトナム戦争と二〇〇三年のイラク戦争に反対したが、キッシンジャーは両戦争に賛成した。自分の「重要な政治家のアドバイザー」としての地位を維持するためには、「反戦派」の立場を採るわけにはいかなかったからである。

彼は、「政府高官の地位を得ることによって、我々は政策決定のやり方を学ぶことができる。しかし政策を判断する能力は身につかない。高い地位に就いても、知的な能力が増すわけではない。高い地位を得る前に学んだことだけが、役に立つ」と述べている。このコメントは、どこの国においても真実である。政治家が何度も選挙に勝ち、閣僚や首相や大統領になっても、「政策を判断する能力は身につかない。高い地位を得る前に学んだことだけが、役に立つ」のである。キッシンジャーが大学院生時代に書いた名著 A World Restored と、七十歳の時、執筆した Diplomacy は、その外交分析の視点と思考プロセスが同じである。「高い地位を得ても、人間の思考能力は変わらない」という証左であろう。

ギルピン（Robert Gilpin）

バーモント州出身の国際政治学者・経済学者、プリンストン大学名誉教授。マクロ経済学とリアリスト派の国際政治学を組み合わせた論理的で精緻な議論を展開したことで知られる。ギルピンは第二次大戦後の国際システムにおいて、アメリカの経済政策と軍事政策が果たした役割を高く評価してきたが、それと同時に、「慢性的に過少貯蓄・過剰消費体質のアメリカは、世界覇権を維持できない」と明言してきた。

ギルピンは、クリントン政権の国際金融政策、通貨政策、アメリカ中心のグローバリゼーション政策を、「国際経済システムを不安定化させた」と批判していた。ブッシュ（息子）政権のネオコン外交について彼は、「政治イデオロギーを振り回すアマチュア外交」と述べていた。ギルピンは、今後の国際政治・経済システムがますます不安定化していくことを予言している。

ケナン（George Kennan）

一九〇四年生まれ、ウィスコンシン州出身。プリンストン大学を卒業して米国務省に入り、ドイツに留学した。七ヵ国語を喋り、十七冊の著作を残した学者・外交官・戦略家である。ユーゴスラビアとソ連で大使を務めた。二〇〇五年に死去。ケナンが国務省官僚として書いた論文 The Sources of Soviet Conduct は、第二次大戦後の米政府の「ソ連封じ込め戦略」の基盤となった。マーシャル国務長官の側近としてマーシャル・プランを作成した。

冷戦期の米外交のグランド・ストラテジーを作ったケナンは、アメリカの政治家・軍人・マスコミ人の好戦的な言動に批判的であった。彼は、「アメリカの外交政策は独善的であり、イデオロギーを強調しすぎる。アメリカの国民世論は無知で単純である」と嘆いていた。冷戦終了後、ケナンは民主・共和両党の一極覇権戦略を批判し、「アメリカ一国で世界を支配しようとする政策は、最初から無理に決まっている。世界を支配する能力を持つ国など、どこにも存在しない」と発言している。

ケナンは、一九三〇年代のルーズベルト政権の反日的な外交政策に批判的であった。彼は、敗戦直後の日本にアメリカの政治イデオロギーと経済システムをそのまま押し付けようとした米占領軍の政策を批判して、対日占領政策をより現実的なものに緩和させた。

スミス（Tony Smith）

テキサス州出身、一九七一年にハーバード大学から博士号を得て、タフツ大学の国際政治学教授となった。著書 Foreign Attachments（2000）と Pact with the Devil（2007）において、アメリカのネオコンとネオリベラル勢力の相似性をシャープに描いている。スミスは民主党を支持してきた穏健な性格の人物であるが、米民主党政治家と民主党系の知識人たちが共和党のネオコン戦略に協力してきたことを鋭く批判している。

スミスは最近、「民主・共和両党のネオリベラルとネオコンが協働している状況は、現在も続いている。民主党系のネオリベラルは、ブッシュ（息子）の外交政策を理論的に支援する役割を果たした。彼らは、ブッシュ外交の失敗の責任からそう簡単に逃れられない。アメリカは、ウィルソン的な理想主義を振りかざす帝国主義ドクトリンを創ったのだ」と述べている。

ナイ（Joseph Nye）

一九三七年生まれ、ニュージャージー州出身。プリンストン大学とハーバード大学で教育を受け、国際政治学者となった。彼は、「国際関係は、『複雑な依存関係』（complex interdependence）である」と主張する制度学派である。国際政治の「複雑な関係」をジャーナリスティックな調子で描写するナイの著作は、ポップ・ソシオロジー、ポップ・サイコロジー、ポップ・エコノミックス（通俗的な社会学・心理学・経済学）のミックスとなっている。ナイの著作が米政治家とマスコミ人に受けるのは、彼の外交評論が「読みやすく、分かりやすい」からである。

ナイは「ソフト・パワー」「スマート・パワー」という言葉を流行らせた。軍事力だけに頼るのではなく、「アメリカのポップ・カルチャーやマスメディアの魅力によって、他の諸国をアメリカの国益にとって都合の良い方向に操作していく」という主張である。日本の親米派にはナイのファンが多いが、アメリカの優秀な国際政治学者——ケナン、ハンティントン、キッシンジャー、ウォルツ、ミアシャイマー、ギルピン等——は、ナイを軽蔑してきた。

二〇〇七年、ナイはリビア政府の「国際政治コンサルタント」としてトリポリを訪れ、カダフィ大佐に直接、外交政策をアドバイスしていた。帰国後ナイは、カダフィを好意的に描写する外交評論を米マスコミに発表した。リビア政府の雇った米ロビイスト会社『モニターグループ』は、三百万ドルの報酬を受け取っていた。ナイはこのロビイスト会社から報酬を得ていたことを認めたが、いくら貰ったかを公表することは拒絶した。リビアの独裁者・カダフィにとって、ナイ教授の「ソフト・パワー」を買い上げることは、容易だったのである。ナイは中国共産党の独裁政治に対しても、一貫して好意的な態度である。

ハンティントン（Samuel Huntington）

一九二七年、ニューヨーク生まれ、ハーバード大学の国際政治学者。二〇〇八年に死去。十八歳でイェール大学を卒業して米軍に勤務し、二十三歳の時、ハーバード大学から博士号を獲得した。彼の主著、Soldier and the State（1957）、Political Order in Changing Societies（1968）、Clash of Civilizations（1996）、Who are We?（2004）は、アメリカの国際政治学界において酷評された。しかしばらく経つと、政治学界の通説に真正面から挑戦したハンティントンの学説は、高く評価されるようになった。

ハンティントンは一九六〇年代から、「異なった文明様式を持つ諸国に対して、アメリカ的な民主主義・自由主義・経済制度を強引に押し付けても、上手くいかない。他国を性急に『アメリカ化』させようとすると、不必要な国際紛争を惹き起こす」と警告していた。彼は亡くなる前、「アメリカはいずれ、東アジアから撤退せざるをえなくなるだろう。中国はアジアの覇権国となるだろう」と予言していた。

フクヤマ（Francis Fukuyama）

一九五二年、シカゴで生まれた日系三世。現在はスタンフォード大学の上級研究員。父親は牧師兼社会学者であった。ハーバード大学で博士号をとり、軍事政策シンクタンクのランド研究所に勤務。米軍が数万発の核弾頭を実戦用に配備し、「アメリカの優越した核戦力によって、ソ連の核戦力を圧倒できる」というタカ派の核戦略案を主張していた。

彼は冷戦終了時に『歴史の終わり』という論文を発表し、アメリカ的な民主主義と資本主義を世界中の国が受け入れたことによって、「国際政治史は終了した」という外交論を主張した。当時の米政府の一極覇権戦略を「知的に正当化する」役割を果たしたフクヤマは、外交論壇の寵児となった。

二〇〇一年九月二十日、アルカイダによるテロ事件の九日後、フクヤマはネオコン・グループの一員として『ブッシュ大統領に対する公開書簡』

に署名し、イラクを攻撃する必要性を主張した。しかし二〇〇四年夏、イラク戦争が泥沼状態となってネオコン外交が不評になると、フクヤマは突然、ネオコンを批判する側にまわり、「自分は民主党の外交政策の支持者である」と主張し始めた。「リアリスト外交」と「ウィルソニアン外交」は相反する外交政策と理解されているが、フクヤマは最近、「自分はリアリスト的なウィルソニアンである」と述べている。

ブレジンスキー（Zbigniew Brzezinski）

カーター大統領の安全保障政策補佐官。一九二八年、ワルシャワ生まれ。ポーランド外交官の息子。小学生時代をヒトラーの統治するベルリンとスターリンの統治するモスクワで過ごした。一九三九年八月、父がカナダに勤務中、独ソ不可侵条約が結ばれて、独ソ両政府はポーランドを分割統治することに合意した。翌月、ドイツ軍はポーランドを占領し、ブレジンスキーは祖国を失った。

ブレジンスキーはハーバード大学で博士号をとり、ソ連問題の専門家となった。彼は当時から、共和党の単純な反共主義と民主党の対ソ宥和主義の両方に対して批判的であった。ブレジンスキーは一九九〇年代の初期、アメリカによる一極覇権体制の確立が可能であると考えていたが、クリントン政権の後半期になると、一極戦略に批判的になった。ブレジンスキーはパブリックな場では「米中両国の協力によるアジア統治」を主張している。しかしプライベートな場では、「僕は、日本が自主的な核抑止力を持つことに反対しないよ」と述べている。

ベーセビッチ（Andrew Bacevich）

ボストン大学の国際政治学者、一九四七年生まれ、イリノイ州出身。一九六九年にウェスト・ポイント（陸軍士官学校）を卒業し、一九七〇年と七一年、ベトナム戦争に参戦。プリンストン大学から博士号をとり、ウェスト・ポイントの教官を務めた。陸軍大佐の時、学者に転身した。

彼は、自称「カトリック教徒の保守主義者」であるが、ブッシュ（息子）政権のネオコン外交を厳しく批判した。二〇〇八年の選挙ではオバマを支援したが、二〇一〇年になると「オバマの外交は、本質的には共和党と同じものだ」と述べて、オバマに対して批判的になった。保守主義の立場から、冷戦後のアメリカの覇権主義と介入主義に反対してきた。著書に American Empire, New American Militarism, Limits of Power 等がある。

ホフマン（Stanley Hoffmann）

一九二八年、ウィーンで生まれ、パリで育った。米仏の二重国籍者。ハーバード大学で半世紀間、国際政治学・ヨーロッパ政治史・思想史を講義している。著作は十八冊、主著に Gulliver's Troubles, Decline or Renewal, World Disorders 等がある。国際政治学ではリアリストの立場をとるが、政治思想と社会思想はリベラルである。キッシンジャー、ケナン、ウォルツと同様に一九九〇年代から、「国際政治の多極化は不可避である」と明言してきた。

アメリカとイスラム教諸国の『文明の衝突』現象に関してホフマンは、「アメリカ人は自国の外交のダブル・スタンダードに関して無神経だ。アメリカの政治家・官僚・マスコミ人たちは、『何故、アメリカは、他国に嫌われるような行動をとってきたのか？』ということを議論しようとしない。米外交はイスラム教諸国に対して、恐怖と屈辱感を与え続けてきた。このことを無視して『テロに対する闘い』を実行しようとするから、上手くいかないのだ」と述べている。

ミアシャイマー（John Mearsheimer）

一九四七年、ニューヨーク生まれ。一九七〇年にウェスト・ポイント（陸軍士官学校）を卒業して五年間、米軍に勤務し、コーネル大学から博士号を得て国際政治学者になった。ケネス・ウォルツの創設したネオ・リアリスト派に属する。妹もウェスト・ポイントの卒業生であり、弟はアナポリス（海軍士官学校）の卒業生である。軍人好きの愛国心の強い父親に育てられたという。

　最近十数年間、ミアシャイマーがネオコンとイスラエル・ロビーを厳しく批判して米マスコミから袋叩きにされてきたのも、彼の愛国心の強さによるものである。彼は、「イスラエル・ロビーを批判すれば、マスコミから袋叩きにされることを承知していた。それにもかかわらず私は、ネオコンとイスラエル・ロビーを批判した。アメリカの間違った中東政策を是正するためだ」と語っている。

　ミアシャイマーは一九九〇年代から、「アメリカを中心とする一極体制は維持できない」、「米中対立が厳しくなることは不可避である」と予告してきた。しかし彼は、中国人に対して悪感情を持っているわけではない。「中国がアジアを支配しようとしていることは、アメリカが西半球を支配してきたことと同じだ。アメリカが覇権国として行動してきたのを、中国は真似しているだけだ。現在の中国がアジアの覇権国になろうとしているのは、大国として自然な振る舞いだ」と述べている。彼は日本の自主防衛政策を支持し、「アメリカは今後、世界の諸地域における軍事的なコミットメントを減らしていかざるをえない」と予告している。


モーゲンソー（Hans Morgenthau）

　一九〇四年、ドイツ生まれ。ベルリン大学とフランクフルト大学で学んだ後、法律家・国際政治学者となった。一九三七年、アメリカに移民し、一九四三年からシカゴ大学の教授。一九四〇～六〇年代のアメリカの国際政治学に最大の影響を与えたリアリスト派の学者である。彼の著作 Politics Among Nations は、当時のアメリカの大学で最も広汎に使用された教科書であった。一九八〇年に死去。

　モーゲンソーは国際政治における軍事力の均衡の必要性を説く保守派であったが、アメリカ文明の特徴であるマテリアリズム（物質主義、経済利益優先主義、拝金主義）に対して批判的であった。彼は、「アメリカ社会におけるマテリアリズムの勝利は、洗練された文化に対する感受性を衰退させ、社会を下品化している。アメリカでは『幸福』というものが、『富の追求』と同義語だと理解されている」と述べていた。プラトン、カント、ニーチェの哲学を好んだモーゲンソーは、「アメリカの民主主義・自由主義は政治的な仕組みにすぎず、真の価値判断となるものではない」と述べていた。このことを理解していたという点において彼は、同じ年に生まれたケナンと意見が一致していた。二人とも、「アメリカの民主主義と資本主義システムを、他国に押し付けようとする外交をしてはいけない」と主張していた。


リップマン（Walter Lippmann）

　一八八九年、ニューヨーク生まれ。一九七四年に死去。両親は富裕なユダヤ人であったが、リップマンは両親と疎遠であった。早熟の秀才であり、ハーバード大学で哲学を専攻して、二十歳代でウィルソン大統領の外交政策アドバイザーとなった。しかしウィルソンの作ったヴェルサイユ体制に失望し、リアリスト派に転向した。一九二〇年代から六〇年代までのアメリカにおいて、「最も影響力のある評論家」と看做されていた。Cold War（冷戦）という言葉をマスメディアで最初に使いだしたのは、リップマンである。

　リップマンのグランド・ストラテジーはBlue Water Strategy（海洋支配戦略）と呼ばれる。リップマンはアメリカがユーラシア大陸の陸上戦に巻き込まれることを嫌い、「アメリカは太平洋と大西洋の重要な交通路だけを支配すればよい。我々は、中東やアジアにおける陸上戦に介入する必要はない」と主張していた。この考えは現在、ウォルツ、ミアシャイマー、ウォルト、レイン等が主張している Off Shore Balancer Strategy と同じものである。軍事コストの低いリアリスト戦略である。最近はブレジンスキーやスコウクロフトも、この戦略思考に賛成するようになった。

リップマンは「国家の対外政策のコミットメントは、国家の能力よりも低いレベルに抑えるべきだ」と主張していた。過剰な介入主義と覇権主義は国益にとってマイナスとなる、という考えである。彼はF・ルーズベルト政権の対日強硬策に反対し、ベトナム戦争にも反対していた。「アメリカの政治イデオロギーを、軍事政策に持ち込むな」というのが、彼の戦略観であった。

リンド（Michael Lind）

一九六二年生まれ、テキサス州出身。テキサス大学で弁護士の資格をとり、イェール大学の大学院で国際政治学を勉強した。国務省の政策研究所に勤務した後、外交専門誌『ナショナル・インタレスト』の編集者となった。現在はニュー・アメリカ・ファウンデーションの政策部長である。外交政策と経済政策に関して、十一冊の著書がある。

リンドは、「私は一九八〇年代、ネオコンの支持者であった。しかし一九九〇年代になると、ネオコンに失望するようになった。ネオコンのやり方は、あまりにも高圧的で傲岸だ」と述べている。リンドはアメリカの中東外交に関しても、「特定の民族によるロビー活動によって歪められている」と批判している。

保守主義者のリンドは、アメリカの保守陣営の質の悪化を嘆いている。彼は、「以前のアメリカには、保守派の思慮深い言論人が存在していた。しかし最近のアメリカの保守派は、右翼ポピュリストにすぎない。米マスコミにおいて単純な理屈をわめきたてている右翼言論人たちは、真の保守主義者ではない」と述べている。ネオコンやティー・パーティ（共和党右派）の粗暴で単純な主張にみられるように、アメリカの保守論壇の質が劣化しているのである。

レイン（Christopher Layne）

一九四九年生まれ、南カリフォルニア大学とバージニア大学で法律を学び弁護士となったが、政治学への愛着を捨てられず、ケンブリッジ大学とカリフォルニア大学バークレー校で国際政治学を学び、テキサスA&M大学教授となった。保守派のリアリストである。大学における彼の肩書は、「ブッシュ（父）スクール、ロバート・ゲーツ記念教授」である。肩書に共和党大物の名前が二つも付いているにもかかわらず、レインは共和党のネオコン外交を真正面から批判し続けた。自分を教授ポストに任命してくれたゲーツ学長が国防長官になっても、彼はアメリカの一極覇権主義に対する批判を緩めなかった。

二〇一〇年、レインは訪日して日本政府の外交戦略を調査した。彼は、「日本の外交と安全保障政策は、『自分たちの世界』の幻想の中でひたすら頑張っているだけ」と分析している。日本政府の態度は、「アメリカが守ってくれるから、我々は心配する必要はない」というものであるが、「そのようなやり方は、二〇二〇年になると無効になるだろう」とレインは予告している。「アメリカはいずれ財政危機を起こし、東アジアのコミットメントから大きく撤退せざるをえなくなる。アメリカは日本から『核の傘』を撤回することになる。日本人は、自国の国防の責任を自分たちで背負う必要がある」と警告している。レインの主著 Peace of Illusions は最近、俊英の国際政治学者、奥山真司氏によって邦訳されている。

伊藤　貫（いとう かん）

1953年生まれ、東京都出身。東京大学経済学部卒。コーネル大学で国際政治学を学ぶ。その後、ワシントンのビジネス・コンサルティング会社で、国際政治・米国金融政策のアナリストとして勤務。『フォーリン・ポリシー』『シカゴ・トリビューン』『ロサンジェルス・タイムズ』『諸君！』『正論』『Voice』『東洋経済』等に、外交評論と金融分析を執筆。CNN、CBS、NBC、BBC等の政治番組で、外交政策と金融問題を解説。著書に『中国の核戦力に日本は屈服する』（小学館101新書）、『自主防衛を急げ！』（共著、フォレスト出版）等がある。

文春新書

852

自滅《じめつ》するアメリカ帝国《ていこく》

日本よ、独立せよ

2012年3月20日　第1刷発行
2024年10月25日　第7刷発行

著　者　伊藤　貫
発行者　大松芳男
発行所　株式会社 文藝春秋

〒102-8008　東京都千代田区紀尾井町3-23
電話（03）3265-1211（代表）

印刷所　理想社
付物印刷　大日本印刷
製本所　大口製本

定価はカバーに表示してあります。
万一、落丁・乱丁の場合は小社製作部宛お送り下さい。
送料小社負担でお取替え致します。

ISBN978-4-16-660852-2